TITRES

ET

TRAVAUX SCIENTIFIQUES

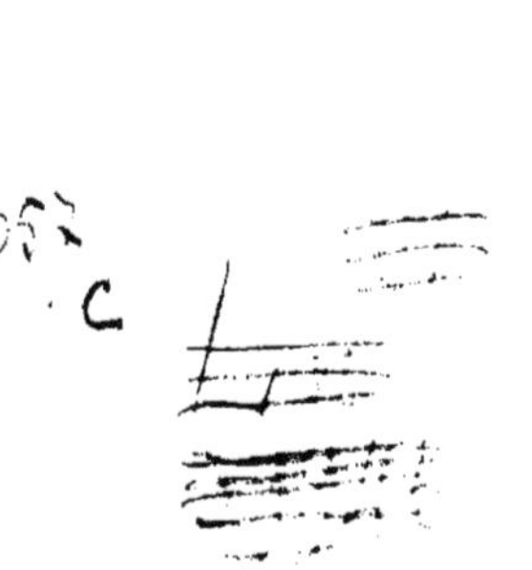

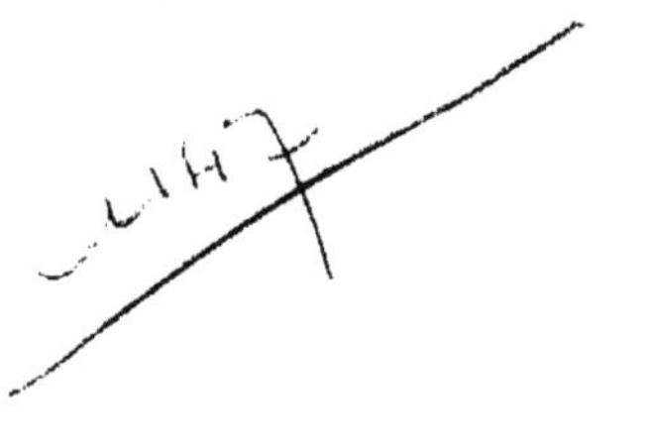

I

TITRES

TITRES ET FONCTIONS

I. — HOPITAUX DE PARIS

1890. Externe.
1892. Interne.
1896. Médaille d'or de médecine.
1899. Assistant de consultation à l'hôpital Saint-Antoine.
1903. Médecin des Hôpitaux.
1910. Médecin de la Charité.

II. — FACULTÉ DE MÉDECINE

1895 (décembre). Docteur.
1897. Médaille d'argent (thèse).
1897. Mention honorable (Prix Chateauvillard).
1897-1903. Moniteur au laboratoire d'anatomie pathologique.
1902. Prix Saintour (Premiers travaux sur l'insuffisance surrénale).

III. — ACADÉMIE DE MÉDECINE

1896. Mention honorable (Prix Saintour).
1897. Mention honorable (Prix Chevallier).
1908. Prix Saintour (Travaux sur « Syphilis et tuberculose »).

1915. Prix Perron (Études cliniques sur l'insuffisance surrénale, 1898-1914).

1915. Prix Potain (Technique clinique médicale et séméiologie élémentaires).

IV. — SOCIÉTÉS SAVANTES

1894. Membre de la Société anatomique.

1903. Membre titulaire de la Société médicale des hôpitaux.

1910. Membre titulaire de la Société d'études scientifiques sur la tuberculose.

1917. Membre de la Commission permanente de Préservation contre la Tuberculose au Ministère de l'Intérieur.

II

ENSEIGNEMENT

FACULTÉ DE MÉDECINE

1897 à 1903. Conférences au laboratoire d'anatomie pathologique (travaux pratiques).

HOPITAUX

1898 à 1901. *Hôpital Saint-Antoine* (service de M. Gaucher). Démonstrations pratiques au laboratoire et leçons de séméiologie et de pathologie interne faites aux stagiaires.

1903-1910. *Hôpitaux divers*. Leçons de séméiologie.

1907. Membre fondateur et membre du comité de direction de l'*Association d'Enseignement médical des Hôpitaux de Paris*, sous la présidence de J. Lucas-Championnière.

1910-1918. Organisation dans mon service de la Charité, avec la collaboration de mes anciens internes Ribadeau-Dumas, Fecarotta, Lian, d'Heucqueville, Stephen Chauvet, Pruvost, Hazard, d'un *enseignement élémentaire* consacré aux étudiants débutants et destiné surtout à leur enseigner méthodiquement la technique des procédés d'examen et d'exploration actuellement au service de l'observation clinique.

En outre de cet enseignement élémentaire, conférences hebdomadaires en séries portant particulièrement sur les sujets qui ont fait l'objet de mes principales études, soit la pathologie endocrinienne, la tuberculose et les affections des voies respiratoires.

*
* *

J'ai toujours considéré que l'hôpital était le véritable foyer de l'enseignement médical et que notre rôle de médecins d'hôpital consistait « dans la double mission de soigner les malades indigents qui nous sont confiés et d'éduquer ceux auxquels reviendra, après nous, le même honneur ».

Ce sont ces idées et ces principes que j'ai exposés dans l'Introduction de mon traité de TECHNIQUE CLINIQUE MÉDICALE ET DE SÉMÉIOLOGIE ÉLÉMENTAIRES [1] et dans les deux articles suivants :

a) CE QUE DOIT ÊTRE L'ENSEIGNEMENT CLINIQUE ÉLÉMENTAIRE (*Bulletin de l'Association amicale de médecine et de chirurgie*, 15 avril 1913).

b) RÉFLEXIONS SUR L'ENSEIGNEMENT MÉDICAL ET, PARTICULIÈREMENT, SUR L'ENSEIGNEMENT CLINIQUE ÉLÉMENTAIRE (*Journal des Praticiens*, 11 et 18 octobre 1913).

J'ai la ferme conviction qu'à l'étudiant qui débute il faut tout d'abord montrer, dénommer, définir les moyens et procédés d'exploration qui sont à sa disposition ; qu'il faut ensuite lui enseigner la manière de les employer ; qu'avant de décrire devant lui les maladies, il faut lui faire connaître les symptômes et lui apprendre à les constater, à les enregistrer par une technique sûre qui le mettra à l'abri des interprétations erronées provenant le plus souvent d'une erreur d'observation. A l'apprenti qui débute on montre les outils avec lesquels il pourra travailler lorsqu'il aura appris à les bien manier. Ne commence-t-on pas, dans les laboratoires, par enseigner la technique lorsqu'on veut former un histologiste, un bactériologiste? N'est-il pas étrange que cette règle de pur bon sens soit encore si souvent méconnue quand il s'agit de former un clinicien !

« L'enseignement clinique élémentaire, tel que je le comprends et tel que je me suis efforcé à le réaliser dans mon service, comporte donc deux parties :

« D'abord l'enseignement de la technique, c'est-à-dire des procédés

1. Ce traité de *Technique clinique médicale et de séméiologie élémentaires*, écrit avec les collaborateurs dont j'ai donné plus haut les noms, vient de voir sa 3e édition : il est, en quelque sorte, le reflet des conférences du cours élémentaire et a bénéficié de la même faveur auprès des étudiants, et même des médecins. (Maloine, éditeur.) L'Académie de Médecine lui a décerné le Prix Potain (1915) Il est traduit en italien et en espagnol.

d'examen dont l'ensemble constitue ce qu'on pourrait appeler l'arsenal de l'exploration clinique, tant au lit du malade qu'au laboratoire;

« Ensuite l'enseignement de la séméiologie, c'est-à-dire de la signification des symptômes morbides observés au lit du malade et des constatations faites au laboratoire.

« Il doit viser, en un mot, non pas l'étude descriptive des maladies réservée à la pathologie, mais l'étude des procédés d'exploration qui permettent d'en rechercher et d'en constater les symptômes ».

C'est dans cet esprit que j'ai organisé dans mon service, au début de chaque année scolaire, un *cours de technique clinique médicale élémentaire, exclusivement consacré à l'étude des méthodes usuelles d'examen des principaux appareils et d'exploration des principales fonctions.*

Le succès qu'a eu ce cours me permet d'affirmer qu'il répondait à un besoin des élèves.

Je me félicite d'avoir ainsi jeté les premiers fondements de l'organisation méthodique de l'enseignement clinique élémentaire et de voir la Faculté de médecine entrer dans cette voie féconde. Le jeune étudiant est particulièrement intéressant et digne d'intérêt; il n'est point encore déformé par une éducation mal comprise; il ne demande qu'à travailler; il cherche le guide qui le dirigera dans l'obscurité de ses débuts. J'ai goûté une satisfaction profonde à être ce guide pour un grand nombre de ces jeunes et je souhaite qu'il me soit permis de le redevenir pour d'autres, quand nous pourrons, la guerre finie, reprendre nos habitudes de travail.

*
* *

Mais, à l'hôpital, il y a deux catégories d'élèves, ou d'auditeurs, les anciens et les débutants. Or, l'hôpital fournit le plus beau matériel d'enseignement qu'il soit possible de souhaiter; et, de même que ce matériel se prête merveilleusement à l'instruction élémentaire des jeunes, il fournit, pour le perfectionnement des anciens, « l'inépuisable mine des cas rares, des faits longuement et rigoureusement observés, parmi lesquels ils trouveront, sous la direction du chef, la matière de recherches personnelles. C'est dans cette même mine que puisera également le chef pour y trouver la substance des cliniques qu'il fera sur les sujets qu'il étudie spécialement. Ainsi pourra-t-il, s'il en a le goût, organiser dans son service, même s'il ne fait pas partie du corps des professeurs de Faculté, une sorte d'enseignement clinique supérieur, ou, si l'on préfère, spécialisé, qui s'adressera non seulement aux élèves mais même aux médecins, attirés par la notoriété qu'il aura su acquérir dans telle ou telle branche de la médecine. Cet enseignement supérieur ou spécialisé est le seul qui semble, jusqu'à ces temps derniers, avoir été envisagé dans nos hôpitaux et il n'est pas exagéré de dire que l'ancienne renommée de la clinique française lui doit ses succès, aujourd'hui encore vivaces et justement mérités. »

A l'heure où j'écrivais ces lignes nous vivions dans la mollesse des années de paix. La forte secousse que nous avons reçue de la guerre et les espoirs légitimes qu'elle suscite seront de puissants leviers pour nos initiatives prochaines. Si nous savons nous inspirer de ces idées et grouper dans nos grands centres hospitaliers les éléments d'un enseignement complet, bien coordonné, nous retiendrons les élèves et nous continuerons de *servir* notre Pays.

III

EXPOSÉ DES TRAVAUX SCIENTIFIQUES

AVANT-PROPOS

J'ai publié un assez grand nombre de mémoires portant sur les différentes branches de la médecine et j'ai collaboré à plusieurs ouvrages didactiques.

Tout d'abord, pendant mon internat et durant les années qui suivirent, j'ai consacré la plus grande partie de mon temps aux études anatomo-pathologiques, bactériologiques et expérimentales. C'est dans cette période que je publiai, seul ou en collaboration avec mon maitre Gaucher, une série de *Recherches sur les lésions histologiques viscérales et médullaires de la Pellagre*, des mémoires sur la *Pseudo-tuberculose aspergillaire*, sur l'*Anatomie pathologique et la pathogénie de l'acné varioliforme*, sur l'*Anatomie pathologique, la nature et le traitement de la leucoplasie buccale*, mes *Considérations générales sur les tumeurs et le pigment mélaniques*. Dans cette catégorie je soulignerai l'ensemble de mes travaux sur la *Tuberculose des voies biliaires*, réunis dans ma thèse « *Tubercules et cavernes biliaires. — Recherches anatomo-pathologiques, bactériologiques et expérimentales. — Pathogénie de la tuberculose des voies biliaires* ». La préparation de cette thèse, qui a nécessité de nombreux examens histologiques et bactériologiques, m'a familiarisé avec les caractères anatomo-pathologiques de la tuberculose et a marqué le début de mes études cliniques sur cette maladie. Dès cette première étape de ma carrière médicale, je commençai à suivre le penchant qui m'attirait vers l'observation clinique, ainsi qu'en témoignent un certain nombre de mémoires, parmi lesquels je citerai *Les anévrysmes des valvules sigmoïdes de l'aorte*, l'*Évolution de la néphrite gravidique* (avec Gaucher), *Appendicite et colique de plomb*, « *Exophtalmos intermittent* » ou « *Exophtalmie à volonté* ».

Dans la seconde étape de ma carrière médicale, j'ai poursuivi simultanément deux séries principales de recherches, qui ont absorbé à peu près toute mon activité : d'une part, mes recherches sur la *Pathologie endocrinienne* et, notamment, sur l'*Insuffisance surrénale ;* d'autre part, mes recherches sur les *Maladies de l'appareil respiratoire* et, surtout, sur la *Tuberculose*. Mes études sur la tuberculose ont eu pour point de départ anatomo-pathologique ma thèse sur la tuberculose des voies biliaires et pour point de départ clinique mes observations sur l'*Association de la syphilis et de la tuberculose*, observations qui ont orienté mes investigations sur la tuberculose suivant deux idées directrices essentielles : tout d'abord la nécessité de préciser les *éléments du diagnostic* de cette maladie d'avec les affections qui peuvent simuler les diverses manifestations sous lesquelles elle se présente, ensuite l'importance primordiale de la *notion de terrain* dans l'interprétation de sa pathogénie et de son mode évolutif. Je dirai quelle confirmation la grande source d'expérience que fut la guerre donna à cette double conception et quels enseignements elle a apportés à la clinique. La pathologie de guerre est d'une richesse documentaire qui sera, pour de nombreuses années, la mine où puiseront les chercheurs. Pour ma part, elle m'a fourni, pour mes études sur la tuberculose, une abondante moisson, de même qu'elle m'a permis de recueillir, dans l'étude des affections thoraciques, la matière de quelques mémoires, parmi lesquels je citerai ici *Les Plaies de poitrine, et particulièrement, leurs phases secondaires et lointaines* (en collaboration avec le Dr Lechevallier) ; *Troubles fonctionnels imputables à la lésion du plexus cardiaque et des nerfs du médiastin, chez les blessés de poitrine* (en collaboration avec les Drs Pierre Pruvost et Labro) ; enfin, une étude sur *Quelques effets cliniques des gaz asphyxiants* (en collaboration avec le Dr Agnel).

Indépendamment de mes études cliniques sur l'insuffisance surrénale et sur la tuberculose et de mes publications récentes sur la pathologie de guerre, j'ai, durant toute la seconde étape de ma carrière médicale, publié un certain nombre de mémoires, d'articles et de notes sur les différentes branches de la médecine, dont on trouvera l'indication dans la quatrième partie de cet exposé.

*
* *

Les circonstances que nous traversons m'ont fait un devoir et une obligation de restreindre dans la plus grande mesure possible les proportions de cet exposé et de réduire le nombre des figures.

Pour laisser toute la clarté désirable à ce travail d'analyse je l'ai divisé en quatre parties :

La première partie, réservée à la *Pathologie endocrinienne*, contiendra l'ensemble de mes *Études cliniques sur l'insuffisance surrénale*.

La deuxième partie sera consacrée aux *Affections des voies respiratoires* et surtout à la *Tuberculose*.

La troisième partie comprendra un groupement spécial de mes travaux sur la *Pathologie de guerre*.

Dans la quatrième partie seront réunies mes autres publications sur les *Diverses branches de la médecine ;* elles seront rangées par appareils et par spécialités.

Chacune des deux premières parties comportera une liste chronologique des diverses publications dont elle contiendra l'analyse.

Les travaux de la quatrième partie ne seront analysés que lorsqu'ils présenteront une importance particulière.

Cette disposition permettra d'éviter de surcharger cet exposé par une liste chronologique générale, cette liste générale se trouvant, en réalité, formée par la réunion des divers segments adoptés.

Une table des matières, suffisamment détaillée, facilitera les recherches du lecteur.

PREMIÈRE PARTIE

PATHOLOGIE ENDOCRINIENNE

I. — PATHOLOGIE DES CAPSULES SURRÉNALES

INTRODUCTION ET LISTE CHRONOLOGIQUE GÉNÉRALE

Mes *Etudes cliniques sur l'insuffisance surrénale* (1898-1914), réunies en un volume, qui a paru au moment même de la mobilisation, ont reçu de l'Académie le Prix Perron, en 1915. Elles ont eu pour point de départ une observation recueillie à l'hôpital Saint-Antoine, au temps où je remplaçais Gaucher, alors agrégé, l'année où L. Bernard était son interne. Un jeune homme, entré à l'hôpital pour une simple angine pultacée, succomba en quelques heures à des accidents dont l'allure fit songer tout d'abord à un empoisonnement ; à l'autopsie, l'unique lésion constatée fut une destruction caséeuse complète des deux capsules surrénales. Telle fut l'origine de la description du *syndrome d'insuffisance surrénale aiguë de Sergent-Bernard*, admis aujourd'hui par tous les traités classiques. A dater de ce jour, je n'ai cessé de poursuivre l'étude clinique de l'insuffisance surrénale. Je me suis attaché à analyser les symptômes qui peuvent la trahir, à rechercher l'existence d'un indice révélateur que j'ai cru trouver dans le phénomène de la *raie blanche surrénale*, à décrire les principaux modes de groupement de ces symptômes en syndromes lents et aigus. J'ai cherché à montrer qu'elle occupait, en pathologie générale, une place importante et j'ai eu la satisfaction de voir mes recherches et mes idées recevoir la confirmation des cliniciens français et étrangers. Le rôle de l'insuffisance surrénale en pathologie est beaucoup plus considérable qu'on ne l'aurait pensé tout d'abord ; la notion de l'insuffisance surrénale dans les *maladies infectieuses*, dans les *intoxications*, s'enrichit chaque jour de preuves nouvelles ; elle a entraîné avec elle l'habitude bienfaisante d'adjoindre aux médications spécifiques anti-infectieuses l'*opothérapie surrénale;* les bons effets de cette pratique sont trop connus pour qu'il soit nécessaire d'y insister; qu'il me suffise de rappeler ici les cures véritablement merveilleuses qui peuvent être obtenues par la médication surrénale dans certains accidents de la *diphtérie*, de la *scarlatine*, de la *fièvre typhoïde*, de l'*anesthésie par le chloroforme*, du *salvarsan*, du *paludisme*, de la *dysenterie*, du *choléra*, de l'*état de shock*, ainsi que vient de le montrer l'expérience de la guerre. Cette grande expérience a confirmé la réalité de l'état de *débilité surrénale* que j'ai décrit et qui consiste dans ce fait qu'un sujet, antérieurement atteint d'une affection qui a pu léser les glandes surrénales et laisser évoluer sournoisement une surrénalite chronique, est exposé aux accidents de l'insuffisance surrénale dès que survient une cause intercurrente exigeant de la fonction surrénale une intégrité absolue; par exemple, un tel sujet, dont la fonction surrénale est suffisante pour une vie normale, est défaillant en face d'un surmenage, d'une infection, d'une intoxication : réglé pour un petit service, il succombe sous une tâche qui est « au-dessus de ses forces surrénales ».

Ces applications de la notion de l'insuffisance surrénale aux diverses circonstances étiologiques de la pathologie humaine sont contemporaines de celles de la notion des troubles fonctionnels dus à une perturbation des autres glandes vasculaires sanguines. Il m'est agréable de constater qu'ayant apporté quelque clarté dans le chapitre de la pathologie des glandes surrénales, j'ai contribué, en introduisant tout d'abord, avec L. Bernard, la notion de l'insuffisance surrénale aiguë, et en montrant ensuite la part de cette insuffisance en pathologie et, notamment, en pathologie infectieuse, à attirer l'attention des cliniciens sur l'importance des glandes vasculaires sanguines. Depuis la découverte des relations du syndrome de Graves-Basedow avec une hypertrophie thyroïdienne, du myxœdème avec une atrophie thyroïdienne, de l'acromégalie avec une hypertrophie hypophysaire (Pierre Marie) le silence des cliniciens était devenu à peu près absolu sur ces glandes. Quel vaste chapitre a été ouvert depuis et combien nombreux et bien établis sont aujourd'hui les syndromes d'hyperfonctionnement et d'hypofonctionnement endocriniens! Combien apparaissent étroits, d'autre part, les liens qui régissent les synergies et les antagonismes des différentes glandes endocrines, et combien il est de plus en plus évident qu'elles forment dans leur ensemble un appareil dont les divers organes sont reliés et commandés par le système sympathique!

Pour ce qui est de l'insuffisance surrénale, elle mérite une place spéciale par ses caractères nettement tranchés. Les conséquences pratiques de cette notion ne sauraient échapper à personne, tant au point de vue *médico-légal* qu'au point de vue *thérapeutique*.

Les indications de l'*opothérapie surrénale* sont des plus nombreuses ; elles m'ont fourni la matière de recherches aujourd'hui consacrées par la pratique de tous ; elles m'ont conduit à associer au traitement reminéralisateur la médication surrénale ; on sait la place qu'a prise, en phtisiothérapie principalement, le *traitement surréno-calcique*.

*
* *

LISTE CHRONOLOGIQUE DES TRAVAUX DE L'AUTEUR
SUR L'INSUFFISANCE SURRÉNALE

1. Note pour servir à l'étude de la pathologie des capsules surrénales (*Soc. de Biologie*, 24 décembre 1898, en collaboration avec M. Léon Bernard).
2. Observation de mort subite dans un cas de tuberculose des capsules surrénales (in thèse de Couzin ; Accidents aigus de la tuberculose des capsules surrénales, Paris, 1899).
3. Sur un syndrome clinique non addisonien, à évolution aiguë, lié à l'insuffisance capsulaire (*Archives génér. de médecine*, juillet 1899, en collaboration avec M. Léon Bernard).
4. La maladie d'Addison et le syndrome de l'insuffisance capsulaire (*Congrès international de Paris*, 1900, section de Pathologie interne, en collaboration avec M. Léon Bernard).
5. L'insuffisance surrénale aiguë et les maladies infectieuses (*Presse médicale*, 1er octobre 1902).
6. L'insuffisance surrénale (mémoire déposé pour le Prix Saintour, 1902, en collaboration avec M. Léon Bernard et couronné par la Faculté).
7. L'insuffisance surrénale (tiré du précédent pour l'*Encyclopédie des aide-mémoire Léauté*, 1903, en collaboration avec M. Léon Bernard).

8. Forme pseudo-méningitique du syndrome d'insuffisance surrénale aiguë (*Presse médicale,* 25 novembre 1903).
9. Les surrénalites chroniques d'origine infectieuse et l'insuffisance surrénale lente (*Arch. génér. de médecine,* 5 janvier 1904).
10. Le diagnostic du syndrome d'insuffisance surrénale pure et « la ligne blanche surrénale » (*Soc. méd. des Hôpit.*, 22 avril 1904).
11. A propos de la ligne blanche surrénale. Réponse à M. Le Clerc (de Saint-Lô). Ligne blanche et hypotension (*Soc. méd. des Hôpit.*, 10 juin 1904).
12. Le phénomène de la ligne blanche, l'hypotension artérielle et l'insuffisance surrénale. Nouvelles observations (*Soc. méd. des Hôpit.*, 6 juillet 1906, en collaboration avec M. Ribadeau-Dumas).
13. Discussion sur la valeur séméiologique de la ligne blanche surrénale, à propos d'une observation confirmative de MM. Siredey et Tinel (*Soc. méd. des Hôpit.*, 8 février 1907).
14. A propos de la ligne blanche dite « surrénale » (*Tribune médicale,* 3 août 1907 ; réponse à la communication de M. Léon Bernard faite à la séance du 19 juillet 1907 de la *Soc. méd. des Hôpit.*, et reproduite dans la *Tribune médicale*, le 20 juillet 1907).
15. Syndrome d'insuffisance surrénale enrayé par l'opothérapie. Apparition et disparition parallèles du phénomène de la ligne blanche. Présentation du malade (*Soc. méd. des Hôpit.*, 29 novembre 1907).
16. Réponse à la discussion soulevée, à propos de la communication précédente, par MM. Léon Bernard et de Massary, dans la séance suivante (6 décembre 1907).
17. Discussion à propos d'une communication de MM. Galliard et Cawadias sur l'insuffisance surrénale aiguë au cours du cancer surrénal primitif, unilatéral (*Soc. méd. des Hôpit.*, 3 juillet 1908).
18. L'insuffisance surrénale aiguë dans les maladies infectieuses (*Soc. méd. des Hôpit.*, 21 mai et 4 juin 1909). Répliques à une communication de MM. L. Martin et Darré (7 mai 1909) et à leur réponse (28 mai 1909).

19. Diagnostic et traitement de l'insuffisance surrénale. (Conférence faite le 15 juin 1909 au siège de l'Association d'Enseignement médical des hôpitaux de Paris et publiée dans la *Presse médicale* du 10 juillet 1909).
20. L'Insuffisance surrénale (*Revue critique*) (*Revue mensuelle de médecine interne et de thérapeutique*, novembre 1909, Douin, édit.).
21. Les paralysies de la chorée et l'insuffisance surrénale ; à propos d'un cas de chorée molle, promptement guéri par l'opothérapie surrénale (*Soc. méd. des Hôpit.*, 24 juin 1910, en collaboration avec M. Besset).
22. L'opothérapie surrénale (*Journal médical français*, novembre 1911).
23. L'encéphalopathie surrénale. Ses principales formes cliniques (*Journal de Médecine et de Chirurgie pratiques*, 25 novembre 1911).
24. L'adrénaline dans le traitement de la tuberculose (*Paris Médical*, février 1912).
25. Discussion sur le rôle de l'insuffisance surrénale dans les maladies infectieuses, à propos d'une communication de MM. Ribadeau-Dumas et Harvier et d'une observation de MM. Grysez et Dupuich (*Soc. méd. des Hôpit.*, 12 janvier 1912).
26. A propos d'un travail du Dr Naamé (de Tunis) sur le traitement du choléra asiatique par l'adrénaline (*Soc. méd. des Hôpit.*, 9 février 1912).
27. Tuberculose et syndrome solaire (*Journal des Praticiens*, 8 juin 1912).
28. Insuffisance surrénale et fièvre typhoïde (Lecture faite à l'Académie de médecine le 2 juillet 1912, et publiée dans le *Journal de Médecine et de Chirurgie pratiques*, le 25 octobre 1912).
29. L'insuffisance surrénale chez les tuberculeux (*Gaz. des Hôpit.*, 11 juillet 1912).
30. Article « Maladie des capsules surrénales » du *Traité de Thérapeutique pratique* d'Albert Robin (Vigot, édit., 1912).
31. L'insuffisance surrénale en chirurgie et en obstétrique (*Journal de Médecine et de Chirurgie pratiques*, 10 septembre 1912).

32. Discussion à propos d'une communication de MM. Siredey, Lemaire et de Jong sur un cas d'insuffisance surrénale aiguë avec syndrome péritonéal (*Soc. méd. des Hôpit.*, 26 juillet 1912).
33. Insuffisance surrénale et fièvre typhoïde (*Soc. méd. des Hôpit.*, 25 octobre 1912).
34. Du rôle de l'insuffisance surrénale dans les vomissements gravidiques incoercibles (*Presse médicale,* 11 décembre 1912, en collaboration avec M. Lian).
35. Pathogénie du syndrome addisonien (*Journal de Médecine et de Chirurgie pratiques,* 10 juin 1913).
36. L'opothérapie surrénale dans la tuberculose (*Journal de Médecine et de Chirurgie pratique*, 25 juillet 1913).
37. Note sur la valeur séméiologique de la ligne blanche dite « surrénale » (*Soc. méd. des Hôpit.*, séance du 21 novembre 1913).
38. Le rôle de l'insuffisance surrénale en pathologie (*Journal médical français,* 15 décembre 1913).
39. Réflexions sur « la ligne blanche dite surrénale » à propos d'un article récent du Dr Halipré (*Revue médicale de Normandie*, 10 février 1914).
40. La débilité surrénale et les accidents consécutifs aux injections de Salvarsan (*Soc. méd. des Hôpit.*, séance du 20 février 1914).
41. Discussion à la *Soc. méd. des Hôpit.* (séance du 3 avril 1914), à propos d'une communication du Dr Josué sur le rôle de l'insuffisance surrénale dans certains cas d'insuffisance cardiaque.
42. Études cliniques sur l'insuffisance surrénale (1898-1914, A. Maloine et fils, édit., 1914).
43. Quelques réflexions sur la pathogénie du syndrome addisonien dans les lésions surrénales partielles. Débilité surrénale et valeur séméiologique de la mélanodermie (*Soc. méd. des Hôpit.*, 3 juillet 1914).
44. Sur l'emploi de l'adrénaline dans la fièvre typhoïde (*Presse médicale,* 31 décembre 1914).
45. Importance de la notion d'insuffisance surrénale et du rôle de l'opothérapie surrénale en médecine et en chirurgie de guerre. (Lecture à l'Académie de Médecine, 7 septembre 1915, et *Journal de Médecine et de Chirurgie pratiques*, 27 septembre 1915).

46. A propos de la communication de MM. Ravaut et Kronutlisky sur la valeur clinique de la raie blanche surrénale (*Soc. méd. des Hôpit.*, 8 octobre 1915).

47. La thérapeutique surrénale. Ses origines, ses indications, ses résultats, sa technique (*Revue médico-thérapeutique*, édition espagnole, mai 1915).

48. « Encore la ligne blanche surrénale ». (Observation du Dr H. Bon, communiquée à la *Soc. méd. des Hôpit.*, 10 décembre 1915).

49. La « ligne blanche surrénale ». Comment il faut la chercher. La valeur séméiologique qu'il convient de lui donner (*Journal de Médecine et de Chirurgie pratiques*, 25 mai 1916, traduit dans « Endocrinology », janvier 1917).

50. Discussion à la *Soc. méd. des Hôpit.* (10 novembre 1916), à propos de l'observation de M. P. Blum : Surrénalite aiguë dans le cours d'une syphilis secondaire et à la suite d'un érythème polymorphe.

51. Discussion à la *Soc. méd. des Hôpit.* (10 nov. 1916), à propos de la communication de MM. Méry et Hallé : Sur certaines formes de réactions vaccinales antityphoïdiques (chocs vaccinaux) ; leur traitement par l'adrénaline.

52. Discussion à la *Soc. médic. des Hôpit.* (27 juillet 1917), à propos de la communication de M. Grasset (de Clermont-Ferrand) : Tentative d'empoisonnement par la solution d'adrénaline au 1/1000[e].

53. Posologie et mode d'administration de l'adrénaline (*Journal de Médecine et de Chirurgie pratiques*, 10 oct. 1917).

54. Discussion à la *Soc. méd. des Hôpit.* (23 nov. 1917) à propos de la communication de M. Moutard-Martin : Tuberculose des capsules surrénales.

55. Discussion à la *Soc. méd. des Hôpit.* (28 déc. 1917) à propos de la communication de M. Satre : Insuffisance surrénale aiguë provoquée par vaccination antityphoïdique, chez un addisonien latent.

56. L'irradiation des glandes surrénales dans la thérapeutique de l'hypertension artérielle (*Soc. méd. des Hôpit.*, 27 février 1914, en collaboration avec M. Cottenot).

I. — LA PLACE DE L'INSUFFISANCE SURRÉNALE DANS LA PATHOLOGIE DES GLANDES SURRÉNALES DÉFINITION DE L'INSUFFISANCE SURRÉNALE

(Voir nos 1, 4 et 20.)

La méthode anatomo-clinique est, sans conteste, l'un des procédés d'investigation les plus simples, les plus féconds en résultats, et peut-être les plus sûrs, qui ont été employés par les médecins. Constater les symptômes de la maladie pendant la vie et les lésions organiques après la mort, contrôler par un grand nombre d'observations la constance de leur coexistence, et, par là, établir le lien de dépendance intime qui les unit, tels sont, dans leurs grandes lignes, les principes de cette méthode.

Mais, si telle lésion d'organe crée tel symptôme, c'est parce que, en détruisant tout ou partie de l'organe, cette lésion supprime tout ou partie de sa fonction. Aussi bien, la méthode anatomo-clinique est-elle inséparable des études et notions physiologiques : la symptomatologie ou étude des symptômes des maladies n'est, en somme, dans sa plus large expression, qu'une étude de physiologie pathologique. Or, la physiologie pathologique, ainsi comprise, n'est qu'une application des données antérieurement acquises de la physiologie normale. On conçoit cependant que la proposition puisse être renversée et que certaines notions de physiologie normale ne soient qu'une déduction de la physiologie pathologique, c'est-à-dire de la symptomatologie, établie par la méthode anatomo-clinique. En d'autres termes, la clinique, comprise dans son sens le plus élevé, ne borne pas toujours son rôle à appliquer les découvertes des diverses sciences biologiques; elle peut souvent leur ouvrir la voie et leur indiquer l'importance vraisemblable de tel organe ou appareil dont l'existence anatomique seule était enregistrée par elles jusque-là.

L'histoire des capsules surrénales est un des meilleurs exemples qu'on puisse invoquer à l'appui de cette conception. Les anatomistes connaissaient et décrivaient ces organes; les physiologistes, ne soupçonnant point leur rôle, négligeaient leur étude. Ce fut un médecin, Addison, observateur avisé, qui, en 1855, attira le premier l'attention sur l'importance réelle qu'elles devaient avoir dans les phénomènes de la vie, en décrivant une maladie nouvelle, qui répond à des lésions destructives de ces glandes et se caractérise, entre autres symptômes, par une mélanodermie tellement prédominante qu'il donna à cette maladie le nom de *maladie bronzée*. L'année suivante, Brown-Séquard inaugura la série, ininterrompue depuis, des expériences physiologiques ; il vit succomber rapidement les animaux auxquels il extirpait les glandes surrénales et reconnut ainsi que ces organes étaient indispensables à la vie. Dès ce moment, la clinique et l'expérimentation physiologique, unissant parallèlement leurs efforts, édifièrent peu à peu le chapitre, déjà vaste à l'heure actuelle, de la pathologie des capsules surrénales.

Mais ce que la clinique et la physiologie ont fait pour les capsules surrénales, elles le firent aussi pour la glande thyroïde, pour l'hypophyse, pour les autres glandes à sécrétion interne. Ainsi vient de s'ouvrir un chapitre nouveau de pathologie générale glandulaire où commence à apparaître et à se préciser la trame des connexions qui relient ces diverses glandes et font de leur ensemble un appareil complexe dont les divers éléments s'adaptent pour des synergies ou des antagonismes fonctionnels plus ou moins systématisés.

A l'heure actuelle, cette étude reste encore dominée par une notion primordiale, qui résume les données acquises à la fois par la physiologie expérimentale et par la clinique, celle des conséquences entraînées par un fonctionnement excessif ou insuffisant de ces organes glandulaires considérés en particulier ou en groupements associés ; l'hyperfonctionnement et l'hypofonctionnement se traduisent par des syndromes opposables, pour chaque glande ; mais, déjà, on peut constater que certains éléments symptomatiques sont communs à tel et tel syndrome d'hyperfonctionnement ou d'hypofonctionnement appartenant à des glandes différentes ; c'est ainsi que l'hypotension artérielle, par exemple, qui est l'une des conséquences les plus importantes de l'hypofonctionnement des surrénales, appartient aussi à l'hypofonctionnement de l'hypophyse ; c'est ainsi, d'autre part, que la même hypotension artérielle, provoquée par un hypofonctionnement des surrénales ou de l'hypophyse, peut résulter, au contraire, d'un hyperfonctionnement thyroïdien ; d'où il semble bien apparaître, dès maintenant, que les glandes à sécrétion interne forment un système complexe dont les éléments s'unissent entre eux pour assurer une même fonction ou jouent, au contraire, les uns vis-à-vis des autres, le rôle d'organes frénateurs ; à cet égard, il semble bien que l'exemple que je viens de choisir soit des plus caractéristiques pour montrer l'importance et le jeu de cet appareil dans le mécanisme régulateur de la tension artérielle.

Ces considérations, si elles laissent deviner toute la profondeur et toutes les difficultés de ces nouvelles recherches, n'en montrent que mieux l'intérêt capital. Mais, pour bien comprendre les relations qui unissent entre eux les différents groupes glandulaires, il importe tout d'abord de bien connaître les syndromes qui appartiennent en propre à chaque glande prise isolément, tant au point de vue de l'hyperfonctionnement que de l'hypofonctionnement. C'est à ce titre qu'une étude sur l'insuffisance surrénale peut être tenue pour utile; elle comporte par elle-même des applications pratiques assez nombreuses et assez importantes pour qu'aucun médecin ne puisse l'ignorer désormais.

L'insuffisance surrénale est aux glandes surrénales ce que l'insuffisance thyroïdienne est aux glandes thyroïdes, ce que l'insuffisance hépatique est au foie. Elle domine la pathologie des capsules surrénales, étant commune à toutes leurs lésions destructives, dont elle est l'aboutissement presque fatal. Elle peut être définie, d'une façon générale, la suppression ou la diminution des fonctions surrénales.

Voyons donc tout d'abord et à grands traits ce que sont les fonctions surrénales.

1° Les fonctions surrénales et l'insuffisance surrénale expérimentale.

On s'accorde actuellement à reconnaître aux capsules deux fonctions principales : *une fonction antitoxique* et *une fonction angiotonique*.

Sous le nom de *fonction antitoxique* on doit entendre la propriété dont jouissent les capsules surrénales d'exercer un pouvoir neutralisant à l'égard des poisons *exogènes* ou *endogènes*.

Le travail musculaire engendre la production de substances toxiques; l'accumulation de ces substances toxiques, qui est la cause de la fatigue, réalise, lorsqu'elle est excessive, le surmenage physique, véritale intoxication endogène. Les glandes surrénales exercent à l'égard de ces poisons d'origine musculaire, dont les effets sont analogues à ceux du curare, une action neutralisante, véritablement spécifique. Viennent-elles à être détruites, cette neutralisation fait défaut et on voit apparaître un état d'abattement et de fatigue musculaire, que nous retrouverons chez l'homme sous la forme d'un des symptômes primordiaux de l'insuffisance surrénale, l'*asthénie*. Ces notions découlent des belles recherches de Brown-Séquard et surtout d'Abelous et de Langlois.

Certaines autres intoxications endogènes paraissent pouvoir être combattues également par la fonction antitoxique des surrénales. C'est ainsi, tout au moins, qu'on peut constater au cours de la grossesse, — et l'on sait que l'état gravidique constitue une véritable auto-intoxication, — une hypertrophie et une suractivité fonctionnelles des surrénales (Guieysse).

Vis-à-vis des poisons exogènes, le rôle antitoxique des surrénales n'est peut-être pas moins important, mais il n'est point établi sur des expériences aussi démonstratives. Langlois a constaté une diminution — très légère d'ailleurs, — de la toxicité de l'atropine, de la nicotine, de la strychnine, mélangées avec une trituration de glandes surrénales. Oppenheim a fait la même constatation avec le phosphore, l'arsenic, les poisons de l'urine, etc. Mais, d'autre part, Langlois a vu les animaux privés d'une capsule résister mieux à l'intoxication pyocyanique que les témoins; et Oppenheim ne paraît guère avoir obtenu de résultats probants chez des animaux soumis à diverses intoxications d'origine microbienne. Dans des expériences récentes (*Soc. de Biologie*, février, juin et octobre 1913) J. Camus et R. Porak se sont attachés à démontrer que la sensibilité plus grande des animaux décapsulés aux intoxications n'était point le fait d'une neutralisation du poison par les extraits surrénaux mais devait être attribuée « à un trouble général dans leur nutrition, dans leurs sécrétions ou dans la résistance de leur système nerveux ».

Ces conclusions n'en laissent pas moins subsister la notion du *rôle antitoxique* des surrénales mais le rendent inséparable de leur *rôle angiotonique*. (Voir mon mémoire « Débilité surrénale et Accidents consécutifs aux injections de Salvarsan ».)

La *fonction angiotonique* se résume au rôle des surrénales dans le mécanisme régulateur de la tension artérielle. Les recherches d'Oliver et Schefer, de Cybulski, ont établi, tout d'abord, qu'en injectant de l'extrait surrénal dans le sang d'un animal on provoque une élévation de la tension artérielle; Langlois a montré qu'on peut obtenir le même résultat en injectant, non plus l'extrait surrénal, mais seulement le sang sortant par les veines surrénales. On a cru, au début, que cet effet ne se produisait que si on introduisait directement la substance active dans la circulation sanguine et on notait que l'effet produit, s'il était immédiat, n'avait qu'une durée très passagère, ne dépassant pas deux ou trois minutes, ce qu'on expliquait par la rapidité d'oxydation dans l'organisme de la substance introduite par injection intraveineuse (Langlois). Depuis qu'on a pu, grâce surtout aux recherches de Takamine, isoler le principe actif, l'*adrénaline*, ces expériences ont pu être reprises sur des bases plus précises, puisque la substance injectée était pure et pouvait être dosée rigoureusement. On a ainsi reconnu que l'action hypertensive, tout en étant assez courte, était cependant moins éphémère et qu'il n'était point nécessaire de recourir à l'injection intraveineuse. Ici prennent place toute la série des recherches expérimentales auxquelles ont été conduits les auteurs qui ont cherché dans un fonctionnement exagéré des surrénales la pathogénie de l'hypertension, de certaines néphrites chroniques et même de l'athérome artériel (Vaquez, Josué, etc.).

Quoi qu'il en soit, l'adrénaline agit en provoquant la vaso-constriction périphérique ; c'est par l'intermédiaire de cette vaso-constriction — quel qu'en soit le mécanisme intime (excitation des ganglions nerveux périphériques vaso-constricteurs, excitation directe du tissu musculaire cardio-artériel...) — qu'elle produit l'hypertension ; sous son influence, la tension artérielle s'élève, le pouls se ralentit et le cœur peut devenir arythmique.

On sait quelles conséquences et quelles applications thérapeutiques ont été tirées de cette propriété hypertensive de l'extrait surrénal et particulièrement de l'adrénaline[1].

Telles sont les principales fonctions des glandes surrénales. Certains expérimentateurs, hantés de l'idée préconçue que la mélanodermie de la maladie d'Addison devait être liée à un trouble fonction-

1. C'est en partant de ces données que mon ancien interne, le Dr Cottenot, a eu l'idée de combattre l'hypertension artérielle par l'irradiation des glandes surrénales, appliquant ici le principe de l'action modératrice des rayons X sur l'activité des glandes endocriniennes. Commencées avec le Dr Zimmern, ses recherches ont été consignées dans sa thèse très remarquable. En collaboration avec lui, j'ai apporté à la *Société médicale des Hôpitaux* (27 février 1914), le résultat de recherches cliniques et thérapeutiques qui concourent à montrer l'efficacité de cette méthode dans le traitement de certaines formes d'hypertension artérielle (voir n° 56).

nel provoqué par les lésions destructives de ces glandes, ont été amenés à chercher aux surrénales une *fonction pigmentaire* (Brown-Séquard, Marino Zucco, Boinet, Pilliet). Les surrénales contiennent des pigments ; ces pigments paraissent plus abondants à la suite de l'introduction dans l'organisme de substances hémolysantes ; aussi bien, si les surrénales sont détruites, ce pigment, ne pouvant plus être absorbé par elles, va s'accumuler dans divers organes et notamment dans la peau, provoquant ainsi la *mélanodermie*. Cette théorie, proposée par Pilliet, pour si ingénieuse qu'elle soit, ne saurait être admise, par la raison que le pigment addisonien n'est point du pigment ferrugineux d'origine sanguine, mais bien du pigment cutané normal surabondant.

Connaissant les fonctions des surrénales, nous pouvons prévoir la série des accidents consécutifs à leur destruction expérimentale, accidents dont la description réalise le tableau de l'*insuffisance surrénale expérimentale*.

La première expérience est due à Brown-Séquard ; elle vint confirmer les vues d'Addison en montrant que les capsules surrénales sont indispensables à la vie. Brown-Séquard établit la nécessité de supprimer les deux glandes, la destruction d'une seule demeurant sans effet ; il montra que l'extirpation totale chez le cobaye entraîne rapidement les accidents suivants : affaiblissement à allures spéciales, bien plus profond que celui que provoque tout autre traumatisme expérimental ; modification de la respiration et de la circulation, conduisant à un état syncopal ; arrêt de la digestion, refus des aliments, parfois vomissements ; urines normales ; hypothermie ; délire et convulsions ; mort rapide par syncope et par asphyxie.

Ce tableau de l'insuffisance surrénale expérimentale produite par une destruction brusque et totale des capsules devra être rapproché du syndrome d'insuffisance surrénale aiguë qu'on observe assez souvent chez l'homme, que j'ai décrit avec L. Bernard et que nous étudierons au chapitre suivant comme expression clinique d'une destruction massive et complète des glandes surrénales.

Cette expérience mémorable de Brown-Séquard a été contestée par plusieurs physiologistes (Philipeaux, Harley, Gratiolet...) qui avancèrent que la décapsulation est loin d'être constamment mortelle et que les accidents qu'elle provoque doivent être attribués au traumatisme et aux réactions nerveuses.

Mais Langlois montra que ces divergences étaient imputables à l'imperfection des procédés de décapsulation employés, lesquels ne détruisaient pas fatalement tout le tissu glandulaire. Or, il put établir que *la conservation des fonctions surrénales et la survie de l'animal n'exigeaient qu'un onzième du poids total des glandes surrénales ;* cette loi est capitale dans la discussion pathogénique de l'insuffisance surrénale ; je ne saurais trop en souligner l'importance [1]. D'autre part, d'un grand nombre d'expériences faites sur le cobaye, le lapin, le chien, il conclut que :

après l'ablation d'une seule capsule, les animaux ne présentent aucun trouble ou quelquefois un simple amaigrissement qui ne persiste pas, la capsule conservée devenant le siège d'une hypertrophie compensatrice ;

après la destruction partielle des deux capsules, l'effet est proportionnel à la quantité de tissu détruit : nul, minime ou mortel ;

après la destruction totale, la mort survient dans un délai de douze heures : « Immédiatement après l'opération, dit Langlois, les animaux s'affaiblissent graduellement ; ils s'engourdissent progressivement, et, un peu avant la mort, on voit survenir une parésie qui devient bientôt une paralysie complète des membres postérieurs ; l'animal ne ramène pas ses pattes quand on les étend ; la sensibilité est pourtant conservée ; bientôt le train antérieur est paralysé à son tour ; l'animal tombe sur le flanc et devient dyspnéique ; l'amplitude des mouvements thoraciques s'affaiblit et les animaux meurent de paralysie des muscles respiratoires» . Parfois, on note des secousses convulsives avant la paralysie, comme dans la curarisation.

Ces résultats ont été confirmés par tous les expérimentateurs (Gourfein, Thiroloix, Strehl et Weiss, de Vecchi...). Il est aisé de retrouver dans le tableau de ces accidents les signes de la suppression des deux grandes fonctions surrénales : les modifications de la respiration et de la circulation, l'état syncopal relèvent de la suppression de la fonction angiotonique ; la paresse musculaire, l'amaigrissement, les vomissements, la diarrhée, appartiennent à l'abolition de la fonction

1. Toutefois, il faut distinguer entre la survie d'un animal en expérience et l'état de santé d'un sujet porteur d'une lésion capsulaire. Celui-ci, *pour vivre*, n'a besoin que du onzième du poids total ; mais, *pour se bien porter*, le onzième lui est insuffisant. Avec une telle diminution de forces surrénales il est en état de *débilité surrénale permanente*, état qui peut rester latent jusqu'au moment où l'intervention d'une circonstance occasionnelle intercurrente déclenchera les accidents (voir le chapitre III).

antitoxique ; quant à l'hypothermie, et même à la dyspnée, elles peuvent être mises indifféremment au compte de l'une ou de l'autre.

Evidemment, les accidents de l'insuffisance surrénale expérimentale ne sont point immédiatement superposables à ceux que nous allons décrire dans l'insuffisance surrénale humaine ; mais, dans ces derniers, la marque de l'abolition des deux grandes fonctions surrénales apparaît avec plus de précision ; pour qui connaît les fonctions surrénales, le syndrome de l'insuffisance surrénale humaine peut être déduit aisément, bien plus aisément que celui de l'insuffisance surrénale expérimentale ; le paradoxe n'est qu'apparent, car les lésions spontanées et progressives de la pathologie humaine, loin d'avoir la brutalité artificielle des destructions expérimentales, n'altèrent les fonctions organiques qu'en détruisant les organes peu à peu et par un processus de fine dissociation. Et là encore se trouve une fois de plus la preuve que la clinique ne se borne pas simplement à appliquer les données de la physiologie ou des autres sciences biologiques, mais qu'elle peut bien souvent éclairer leurs obscurités, compléter leurs découvertes et même les précéder dans la recherche de la vérité scientifique.

2° Définition de l'insuffisance surrénale humaine.

Pour beaucoup de médecins, il y a une sorte de synonymie entre les deux termes : *insuffisance surrénale* et *lésions des capsules surrénales* ; si bien qu'il suffirait de constater à l'autopsie des lésions destructives des surrénales pour considérer comme signes d'insuffisance capsulaire les symptômes observés pendant la vie.

Pour nombre d'auteurs, il y a, d'autre part, synonymie entre les deux termes : *maladie d'Addison* et *lésions des capsules surrénales* ; si bien qu'il suffit de trouver une lésion des capsules surrénales pour faire le diagnostic rétrospectif de maladie d'Addison, même si les symptômes observés pendant la vie diffèrent, de près ou de loin, de ceux qui constituent, nosographiquement, le syndrome qu'a décrit Addison sous le nom de *maladie bronzée*.

Ces deux équations étant posées :

Lésion capsulaire = insuffisance surrénale,

Lésion capsulaire = maladie d'Addison,

on est parvenu, tout naturellement, à poser la suivante :

Maladie d'Addison = insuffisance surrénale.

Cette conception n'est, en réalité, qu'un syllogisme dont les prémisses sont erronées. En effet, si l'insuffisance surrénale nécessite la destruction fonctionnelle des surrénales, il n'est pas exact que la maladie d'Addison ne nécessite que cette condition; un autre élément pathogénique intervient dans sa production : l'irritation des plexus nerveux péricapsulaires.

En d'autres termes, les lésions des capsules surrénales peuvent provoquer deux ordres de symptômes : les uns sont la conséquence de la suppression des fonctions surrénales, les autres sont déterminés par l'irritation des ramifications du plexus solaire ; les premiers se groupent pour constituer *les syndromes d'insuffisance surrénale pure ;* les seconds s'associent pour réaliser *l'un des types des syndromes solaires ;* les deux se réunissent souvent, de façon à produire *des syndromes mixtes*, dont la *maladie d'Addison* représente l'exemple le plus classique.

Il est donc de toute importance de connaître la valeur pathogénétique de chacun des symptômes que peuvent provoquer les lésions capsulaires, si on veut étudier et décrire le syndrome *insuffisance surrénal* dans ses diverses manifestations cliniques.

Tel sera l'objet du chapitre suivant.

II. — LES CARACTÈRES CLINIQUES DE L'INSUFFISANCE SURRÉNALE SES SYMPTOMES. — SES FORMES CLINIQUES. — SON DIAGNOSTIC

(Voir nos *3, 8, 10, 11, 12, 13, 14, 15, 16, 19, 23, 25, 37, 39, 46, 48, 49.*)

A) Les symptômes des lésions surrénales.

Abstraction faite des *symptômes locaux*, d'ailleurs exceptionnels (signes de tumeur, compression...), les symptômes que peuvent provoquer les lésions capsulaires peuvent être résumés dans le tableau suivant :

a) *Les symptômes d'insuffisance surrénale*, ou *symptômes capsulaires* proprement dits, sont :

1° Les troubles circulatoires. — Sensation de froid, hypothermie, instabilité et petitesse du pouls, hypotension artérielle, spasme capillaire réflexe et *ligne blanche surrénale*, tachycardie, collapsus, syncope (*mort subite*) ;

2° Les troubles digestifs. . .	Anorexie, vomissements, diarrhée, constipation; symptômes péritonéaux;
3° Les troubles nerveux toxiques	Encéphalopathie aiguë, subaiguë ou chronique : céphalée, excitation, délire, convulsions, dépression, prostation et coma; troubles pupillaires et oculo-moteurs. Asthénie. Douleurs des syndromes aigus;
4° Les troubles généraux . .	Ralentissement des échanges, anémie, amaigrissement et cachexie; odeur cadavérique.

b) *Les symptômes d'irritation du sympathique abdominal*, ou *symptômes péricapsulaires*, sont :

Les troubles nerveux mécaniques.	La mélanodermie, les douleurs des syndromes chroniques. la mort subite quelquefois (réflexe).

En tenant compte de la pathogénie des symptômes que peuvent provoquer les lésions des capsules surrénales, on distingue ceux qui sont fonction d'insuffisance surrénale et ceux qui relèvent d'une autre origine. Cette différenciation analytique permet de comprendre les affinités qui réunissent ces symptômes en groupements synthétiques; il devient alors possible de dégager le syndrome de l'insuffisance surrénale dans les diverses modalités qu'il peut revêtir, soit pur de toute association morbide (syndrome d'insuffisance surrénale pure) soit enclavé en quelque sorte dans un complexus morbide plus large (maladie bronzée d'Addison).

B) Les symptômes de l'insuffisance surrénale.

Il est aisé de reconnaître que, parmi les symptômes d'insuffisance, les uns relèvent de la suppression de la fonction angiotonique, tels l'hypotension artérielle, la ligne blanche, la tachycardie, le collapsus, la syncope; les autres, de la suppression de la fonction antitoxique, tels les troubles digestifs, les troubles nerveux toxiques et particulièrement l'asthénie, les troubles généraux; certains sont imputables à l'un ou à l'autre mécanisme physiologique, tels l'hypothermie, la sensation de froid, le ralentissement des échanges.

Ces symptômes d'insuffisance surrénale peuvent être groupés en quatre grandes catégories : les troubles circulatoires, les troubles digestifs, les troubles nerveux toxiques, les troubles généraux.

1° Troubles circulatoires. — Le *pouls est petit et instable ; l'hypotension artérielle* est la règle ; elle est plus ou moins accentuée, suivant le degré ou la période de la maladie ; elle est instable aussi, variant d'un jour à l'autre suivant les circonstances occasionnelles, le plus ou moins d'immobilité ou de fatigue du malade ; il n'est pas rare qu'elle soit très marquée avec un abaissement qui porte à la fois sur MX et sur MN, mais qui, en général, est surtout accentué pour MN ; elle est l'expression clinique la plus nette de la diminution de la fonction toni-vasculaire des surrénales. Cette hypotension artérielle s'accompagne d'un phénomène que j'ai décrit sous le nom de *ligne blanche surrénale* et auquel j'ai attaché une valeur importante dans le diagnostic de l'insuffisance surrénale ; la ligne blanche surrénale est, en quelque sorte, l'inverse de la raie rouge méningitique ; pour la provoquer il suffit de frôler légèrement la peau de l'abdomen avec un objet mousse, avec la pulpe du doigt par exemple, sans gratter et sans exercer une pression trop forte ; au bout de quelques instants, on voit apparaître sur le trajet qu'a suivi le doigt une raie blanche assez large, qui va s'accentuant de plus en plus, puis demeure stationnaire plus ou moins longtemps, parfois trois et quatre minutes, et s'efface peu à peu. La valeur diagnostique de cette ligne blanche a été contestée par quelques auteurs et notamment par mon ancien collaborateur Léon Bernard et par de Massary. Au contraire, elle a été confirmée par plusieurs observateurs, notamment par Castaigne et par Ravaut. Je dois dire que les objections qui m'ont été faites ne m'ont point convaincu, car il ne m'est jamais arrivé de trouver la ligne blanche sur les deux tiers, ou à peu près, des malades se trouvant à un moment donné dans un même service d'hôpital. La ligne blanche que j'ai décrite est très rare. Dans le dernier article que je lui ai consacré (n° 49) je résume ses caractères précis, la technique rigoureuse qu'il faut employer pour la rechercher, et je conclus que sa valeur est incontestable dans les limites où un symptôme peut, à lui seul, comporter une révélation diagnostique. On trouvera, dans mes *Etudes cliniques sur l'insuffisance surrénale* (A. Maloine et fils, édit.) tous les documents réunis sur ce symptôme.

En même temps que l'hypotension artérielle, il existe presque toujours de la *tachycardie*, une *sensation de froid* parfois très accentuée, de la *tendance au collapsus* et *aux lipothymies* ; bien souvent la maladie se termine par une *syncope :* la *mort subite* est extrêmement fréquente chez les sujets qui sont atteints de lésions des glandes surrénales.

2° Troubles digestifs. — L'*anorexie* est presque la règle ; parfois elle est absolue, dans les cas où l'asthénie est extrême. Les *vomissements* sont un des symptômes les plus fréquents ; lorsque la maladie revêt une allure aiguë ils sont véritablement incoercibles et, combinés alors avec la diarrhée et des douleurs violentes, ils font songer à un empoisonnement. La *constipation*, très opiniâtre, accompagne en général l'insuffisance surrénale lente ; la *diarrhée* appartient au contraire aux syndromes aigus.

3° Troubles nerveux toxiques. — Ceux-ci sont l'expression de l'intoxication générale du système nerveux.

Ce sont des *douleurs généralisées*, rappelant les crampes des cholériques, qui s'observent surtout dans les accidents d'insuffisance aiguë et qui sont distincts des douleurs lombaires, irradiées à l'abdomen, des syndromes lents.

Ce sont des signes d'*encéphalopathie* (n°s 8 et 23). Cette encéphalopathie peut être chronique, subaiguë ou aiguë. *Chronique et subaiguë*, elle a été décrite chez les addisoniens par Klippel, par Ettlinger et Nageotte ; elle consiste en un état de demi-sommeil, tantôt calme et tranquille, tantôt agité et entrecoupé de rêvasseries, de cauchemars, qui aboutit tôt ou tard au coma ; elle fait partie de l'état d'asthénie que nous allons décrire ; ou bien elle revêt la *forme mélancolique* ou *psychasthénique*. *Aiguë*, elle peut survenir d'emblée ou apparaître au cours d'un syndrome d'insuffisance lente ; elle se caractérise par une céphalée violente, accompagnée d'excitation, de convulsions, de délire, et se termine, en général, par une prostration profonde aboutissant rapidement à la mort.

C'est enfin et surtout l'*asthénie*, qui est incontestablement le symptôme dominant de l'insuffisance surrénale. Tous ceux qui ont vu un addisonien frappé d'asthénie ont gravé dans leur mémoire l'aspect pitoyable de ce malheureux. « Redoutant le moindre effort, comme je l'ai écrit, impuissant d'ailleurs à le fournir, conscient, mais n'ayant plus la force de vouloir ni la volonté d'agir, le malade n'est plus qu'un être inerte, dépourvu de toute activité physique et morale. Plus ou moins rapidement, il s'enfonce dans un demi-sommeil permanent, sans cesse enfoui sous ses couvertures, ne répondant que mollement et faiblement aux questions qui lui sont adressées, n'acceptant que de mauvaise grâce les aliments qui lui sont présentés, tant il redoute le surcroît de fatigue que le moindre effort lui réserve. » Cet état de profonde apathie indique la défaillance terminale de la fonction surrénale ; il a été précédé par une période plus ou moins longue durant laquelle le sujet n'a éprouvé qu'une sensation de fatigue et de lassitude progressives. Parfois, cette lassitude est si peu marquée qu'elle n'est pas suffisante pour l'arrêter dans sa vie quotidienne ; en pareil cas, cependant, elle peut brusquement faire place à une dépression brutale qui terrasse le malade en pleine santé et atteint d'emblée son paroxysme ; c'est ce qui se passe lorsque l'insuffisance surrénale aiguë revêt les allures du syndrome que j'ai décrit en 1899 avec L. Bernard.

4° Troubles généraux. — Ceux-ci consistent en un *ralentissement des échanges avec hypothermie* et altération plus ou moins profonde de la santé ; c'est l'*anémie*, l'*amaigrissement* lent ou rapide avec *amyotrophie* ; c'est la *cachexie progressive.*

C) Les syndromes de l'insuffisance surrénale et leur diagnostic.

D'une façon générale, l'insuffisance surrénale peut prendre deux formes principales : une forme *lente* et une forme *aiguë*. Dans chacune de ces formes on peut concevoir toute une échelle de types cliniques, de même qu'entre chacune d'elles toute une série de modalités intermédiaires. Bornons-nous à schématiser ici les *syndromes lents* et les *syndromes aigus.*

1° Syndromes lents. — Les syndromes lents, constitués par le groupement en proportions variables des signes de l'insuffisance surrénale, sont aux lésions capsulaires chroniques ce que les petits signes de l'insuffisance hépatique lente sont aux hépatites chroniques. Ils peuvent être considérés comme les expressions cliniques d'une diminution progressive des fonctions surrénales ; ils tendent presque fatalement vers l'insuffisance aiguë terminale.

Ils reconnaissent deux types principaux : *la maladie d'Addison* et *les syndromes lents d'insuffisance surrénale pure*. La nécessité d'une distinction nosographique entre ces deux types est imposée par les données physiologiques et expérimentales : elle est corroborée, comme nous le verrons au chapitre suivant, par les constatations anatomiques, qui établissent que la différence clinique et pathogénique se résume dans la topographie de la lésion.

La *maladie d'Addison* est un syndrome complexe, dont l'insuffisance surrénale, pour si importante que soit sa part, n'est qu'une partie; ce qui caractérise essentiellement la maladie d'Addison, c'est l'existence des signes d'irritation des plexus nerveux péricapsulaires, dont le plus manifeste est la mélanodermie : *sans mélanodermie, pas de maladie bronzée.*

Ainsi comprise et délimitée, la maladie d'Addison n'en présente pas moins toute une gamme de formes cliniques dont la constitution repose, d'une part, sur la prédominance ou la précession de tel ou tel symptôme (*formes gastro-intestinale, douloureuse, mélanodermique, asthénique*), d'autre part, sur la plus ou moins grande rapidité d'évolution des accidents (*formes lente, rémittente, prolongée, aiguë*). Dans la forme habituelle apparaît déjà nettement le rôle prépondérant de l'insuffisance surrénale, qui tient sous sa dépendance la presque totalité des symptômes observés (asthénie, amaigrissement, troubles digestifs, hypotension artérielle...), à l'exclusion de la mélanodermie et des crises douloureuses qui la précèdent et l'accompagnent.

Mais le rôle de l'insuffisance surrénale se détache avec un relief plus saisissant encore dans les cas, très fréquents d'ailleurs, où la marche de la maladie se trouve brusquement interrompue par l'éclosion d'accidents aigus, dont la nature et l'évolution « sentent trop l'intoxication » (Chauffard) pour qu'il soit possible de douter de leur origine. Ces accidents aigus peuvent survenir sans cause apparente ou éclater à l'occasion d'une infection intercurrente, ainsi que Neusser, en particulier, le fit remarquer en 1897. Ils rentrent, en réalité, dans le groupe des syndromes d'insuffisance surrénale aiguë que nous étudierons dans un instant.

Parmi tous les syndromes que peut revêtir l'insuffisance surrénale, c'est la maladie d'Addison qui est la mieux connue de la majorité des médecins, et c'est elle qui peut être reconnue le plus facilement, grâce précisément à la mélanodermie si spéciale qui la caractérise et sur laquelle je n'ai pas à insister ici.

Les syndromes lents d'insuffisance surrénale pure ont été souvent décrits sous le nom de *formes frustes* de la maladie d'Addison, pour la raison qu'ils ne s'accompagnent point de mélanodermie (Dieulafoy,

Bressy...); on ne saurait trop réagir contre cette nomenclature qui consacre une idée inexacte de la signification nosographique de la maladie d'Addison ou maladie bronzée[1]. Dans ces syndromes l'insuffisance surrénale, dégagée de toute association morbide, évolue à l'état de pureté et apparaît d'autant plus manifeste que la maladie se termine, dans la majorité des cas, au bout de quelques mois (plus rapidement que la maladie bronzée, qui peut durer des années), par des accidents aigus ou par la mort subite.

Ici, le diagnostic est fort délicat; le symptôme qui attire habituellement l'attention, la mélanodermie, fait défaut. Et cependant le diagnostic est possible pour quiconque est bien imprégné de cette idée que l'*asthénie* a une valeur au moins aussi considérable comme signe de lésion surrénale. L'asthénie plus ou moins prononcée, l'hypotension artérielle avec ou sans ligne blanche, l'anorexie, la constipation, les vomissements, l'anémie et l'amaigrissement progressifs, voilà tout un ensemble de symptômes qui doivent attirer l'attention du médecin. Encore convient-il de savoir éviter l'erreur, car il est certains états morbides, tels l'anémie pernicieuse progressive, la leucémie, la tuberculose pulmonaire, le cancer latent... qui peuvent s'accompagner de symptômes analogues. C'est par la notion précise des caractères des symptômes principaux de l'insuffisance surrénale que le diagnostic pourra être établi; à cet égard, l'asthénie surrénalienne devra être distinguée du simple affaiblissement qui accompagne toutes les maladies consomptives. D'ailleurs, pour ce qui est de la tuberculose, nous savons qu'elle s'accompagne fort souvent, abstraction faite de la caséification des capsules, de surrénalites scléreuses (voir nos 29 et 36) et que ces lésions engendrent précisément un syndrome d'insuffisance surrénale lente et pure, qui prend le pas sur les signes évolutifs de la tuberculose pulmonaire presque toujours, dans ces cas, torpides et atypiques. Au surplus, l'épreuve opothérapique, tentée avec prudence, pourra souvent, par les résultats qu'elle donnera, confirmer ou infirmer le diagnostic présumé.

Entre ces syndromes lents et les syndromes aigus il convient de faire une place aux *syndromes subaigus,* constitués par un ensemble de symptômes susceptibles de varier, d'un cas à l'autre, dans leur

1. Pour la même raison, j'estime qu'il est préférable de ne pas introduire en pathologie surrénale, sous le nom d'*addisonisme*, proposé par Boinet (*Arch. gén. de Méd.*, 1904), la notion d'un syndrome qui n'est, en réalité, qu'une maladie d'Addison observée à l'état d'ébauche chez les tuberculeux avancés.

groupement, mais qui, tous, sont signes d'insuffisance surrénale pure : les vomissements, la diarrhée cholériforme, l'asthénie progressive et rapidement complète, l'anémie, l'amaigrissement, l'hypothermie, l'hypotension artérielle, la tachycardie, le collapsus, la syncope.

Dans cette forme subaiguë, qui est l'une des variétés du syndrome que j'ai décrit avec L. Bernard (n° 3) l'insuffisance surrénale est plus hâtive, plus rapidement complète que dans les formes lentes; elle se termine en quelques semaines, soit par la cachexie progressive, soit du fait d'accidents aigus terminaux, soit par la mort subite.

Ces formes lentes et subaiguës se distinguent des formes aiguës en ce que l'insuffisance surrénale s'y montre partielle ou relative avant de devenir totale ou absolue; en cela, elles rappellent les petits signes d'hépatisme précédant et annonçant la crise de grande insuffisance hépatique, elles sont les homologues de l'urémie lente opposée à l'urémie aiguë.

2° Syndromes aigus. — Les syndromes d'insuffisance surrénale aiguë correspondent à la diminution brusque ou à la suppression complète des fonctions surrénales. Leurs signes sont aux lésions surrénales aiguës ou chroniques ce que ceux de l'insuffisance hépatique aiguë sont aux hépatites aiguës ou chroniques. Ils se caractérisent par un ensemble de symptômes qui représentent, dans leur intensité, l'exagération des symptômes d'insuffisance lente et qui, d'autre part, s'associent et se précipitent avec une rapidité d'évolution parfois foudroyante. Ils ont leur expression la plus frappante dans le syndrome que j'ai décrit avec L. Bernard et qui est aujourd'hui classique (n° 3).

Ils peuvent apparaître *secondairement*, au cours ou à la fin d'un syndrome lent, ou bien *d'emblée*, chez des sujets jusque-là bien portants.

Lorsqu'ils apparaissent *secondairement*, ils peuvent être assez facilement reconnus, tel le cas des accidents aigus à allure d'intoxication, si fréquemment observés, ainsi que nous venons de le rappeler, dans la *maladie d'Addison*; parfois même leur apparition viendra confirmer un diagnostic encore hésitant; que si, en effet, chez un sujet asthénique, hypotendu, présentant, en un mot, un groupement plus ou moins complet des symptômes d'insuffisance surrénale lente et pure, sans mélanodermie, on voit éclater brusquement des accidents aigus, à allure d'empoisonnement, on pensera — si on est instruit de ces faits — à l'insuffisance surrénale, à laquelle on n'aura peut-être pas encore songé.

Lorsque ces accidents aigus apparaissent *d'emblée* chez un sujet jusque-là bien portant, ils surprennent et déroutent. Ewald, en 1893, soupçonna, pour la première fois, l'existence d'un syndrome primitif, simulant un empoisonnement aigu et lié à une lésion destructive des capsules surrénales, et se demanda « s'il fallait encore décrire sous le nom de maladie d'Addison les cas de ce genre ». Ici apparaît nettement le danger de la confusion qui régnait encore sur le sens des mots « maladie d'Addison ». La question resta en suspens jusqu'à notre mémoire de 1899, qui sépara nettement l'insuffisance surrénale pure de la maladie d'Addison et décrivit le syndrome d'insuffisance surrénale aiguë. Celui-ci est constitué par les éléments suivants : *douleurs lombaires et abdominales parfois atroces ; — anorexie, vomissements fréquents, répétés, souvent incoercibles, bilieux, verdâtres, porracés ; diarrhée ou constipation ; — abattement et prostration avec hypothermie, petitesse du pouls, hypotension artérielle et ligne blanche surrénale, refroidissement des extrémités et cyanose, tendance au collapsus ; — ou, plus rarement, agitation avec délire et fièvre ; — parfois céphalée, attaques apoplectiformes ou épileptiformes et coma.*

Presque toujours le début est brusque, annoncé par des douleurs abdominales, des crampes généralisées, arrachant des cris au malade et s'accompagnant de vomissements incoercibles, avec ou sans diarrhée; la peau se couvre de sueurs visqueuses, les extrémités se refroidissent, l'hypothermie s'accentue, le pouls faiblit, et, si le malade ne tombe pas dans le collapsus ou dans le coma, il succombe subitement à l'occasion d'une crise paroxystique ou simplement en s'asseyant dans son lit dans un moment d'accalmie. Le plus souvent les accidents simulent un *empoisonnement* ; ou bien une *péritonite* (Ebstein), une *crise appendiculaire*, une attaque de *choléra sec* (Hecford) ; ailleurs, les symptômes encéphalopathiques dominent et la maladie évolue sur le type de la *méningite* ainsi que je l'ai montré (voir n° 8), ou bien d'une *attaque d'apoplexie*, ou bien d'un état de *collapsus*.

En somme, en dépit des différences particulières à chaque cas : début brusque, évolution aiguë et rapide au milieu d'un cortège de symptômes à allure toxique, le plus souvent terminés par la *mort subite*.

L'importance de ces faits au *point de vue médico-légal* n'échappera à personne. Elle est tout aussi considérable au moins lorsque les accidents revêtent la *forme foudroyante*, dans laquelle l'insuffisance aiguë se traduit d'emblée, sans accidents prémonitoires, par la mort subite.

Il n'est point nécessaire, d'autre part, d'insister sur l'intérêt capital de ces notions au point de vue purement clinique. Si elles montrent combien le diagnostic est difficile, elles permettent d'espérer que, mieux familiarisés avec elles, les médecins pourront parfois songer à l'insuffisance surrénale aiguë et la dépister lorsqu'elle se présentera à leur observation ; *sans vouloir exagérer, j'estime que, chaque fois que de tels accidents ne pourront être expliqués par une cause évidente, on sera autorisé à admettre qu'ils peuvent être provoqués par l'insuffisance surrénale aiguë.*

Or, cette considération est d'une haute portée pratique, car il est des cas où les accidents pourront être combattus efficacement par l'opothérapie surrénale. En effet, l'insuffisance surrénale aiguë, si elle est l'aboutissement presque fatal des *lésions destructives et irrémédiables* des glandes surrénales, parmi lesquelles la tuberculose est la plus fréquente, peut être aussi la conséquence de *lésions aiguës plus ou moins superficielles et curables*. Abstraction faite ici des grandes *hémorragies capsulaires* et des *surrénalites suppurées*, dans lesquelles l'étendue des lésions n'est guère compatible avec la survie, n'envisageons que les *surrénalites aiguës des maladies infectieuses et des grandes intoxications*, que les recherches histologiques et expérimentales de ces dernières années nous ont appris à connaître (voir la thèse d'Oppenheim, etc.). Je me suis attaché, pour ma part, depuis plusieurs années, à leur étude clinique (voir le chapitre suivant) et j'ai eu la satisfaction de voir adopter et confirmer mes idées par un certain nombre d'auteurs, notamment par le professeur Hutinel, à propos de la scarlatine, par MM. L. Martin et Darré, à propos de la diphtérie et, récemment, par les nombreux documents accumulés par la pathologie de guerre (paludisme, dysenterie, etc.).

La fièvre typhoïde (n° 28)[1], la pneumonie (n° 5), les autres mala-

1. J'ai cherché à montrer que dans la *fièvre typhoïde* la participation de l'insuffisance surrénale est constante : c'est à elle qu'il faut attribuer l'abattement, la prostration, l'hypotension qui caractérisent l'*état typhoïde* et dont l'exagération constitue les formes graves, adynamiques et cardiaques de la maladie. J'ai étudié, en outre, les *complications à type de péritonite* qui relèvent de l'insuffi-

dies infectieuses, voire même les oreillons, peuvent avoir les mêmes conséquences. Mais, dans les surrénalites aiguës, les symptômes qui appartiennent à la lésion capsulaire sont noyés dans l'ensemble des symptômes propres à la toxi-infection au cours de laquelle ils éclatent et ne se dessinent pas avec des caractères suffisamment individualisés pour être aisément et toujours reconnus et rapportés à leur véritable origine.

Je me suis efforcé à montrer que certains symptômes de dépression (abattement, somnolence, hypotension artérielle, tendance à la chute de la température), succédant à l'excitation du début dans les maladies infectieuses, pouvaient coïncider avec l'apparition d'une lésion capsulaire et que cette modification de l'allure de la maladie pouvait être rapportée, en conséquence, à l'insuffisance surrénale aiguë. A cet égard, il est permis de penser que certaines complications des maladies infectieuses, certains cas de mort subite, imputés à la myocardite ou aux accidents cardiaques d'origine réflexe, relèvent bien souvent de l'insuffisance surrénale.

Or, cette notion est d'une grande importance pratique, car il est évident que c'est dans les cas de ce genre surtout, où la lésion n'est ni fatalement définitive, ni constamment assez massive pour tuer d'emblée, que l'opothérapie peut être efficace, ainsi que j'ai pu en faire la preuve.

Ce rapide exposé suffit à montrer la place de plus en plus grande que semble destinée à prendre, en clinique, la pathologie des capsules surrénales. Il importe que les médecins n'ignorent aucun des symptômes qui peuvent leur permettre de soupçonner l'altération de ces glandes ; qu'ils soient bien imprégnés désormais de cette idée que la maladie bronzée d'Addison est loin de résumer à elle seule toute la pathologie surrénale ; qu'ils connaissent l'existence des syndromes d'insuffisance surrénale pure, lente ou aiguë ; qu'ils sachent bien que la mélanodermie n'est ni nécessaire ni suffisante pour établir le diagnostic d'une lésion capsulaire ; que l'asthénie, nettement différenciée par l'exploration ergographique, a une valeur au moins aussi considérable ; que des accidents aigus, primitifs, à allure d'empoisonnement, de péritonite, de méningite, de coma apoplecti-

sance surrénale aiguë, et les *surrénalites chroniques post-typhoïdiques*. Enfin j'ai souligné les heureux effets de la médication adrénalinique systématiquement prescrite à dose suffisante dans la fièvre typhoïde.

forme, etc... sont parfois l'unique expression de l'insuffisance surrénale; qu'enfin celle-ci n'est point rare au cours des maladies infectieuses, où elle doit être soupçonnée quand les accidents fébriles et bruyants du début sont brusquement remplacés par des signes de dépression, d'hypothermie et d'hypotension artérielle, en un mot, par une tendance plus ou moins accentuée au collapsus. Il reste malheureusement évident que le diagnostic demeurera bien souvent incertain, en l'absence d'un signe véritablement pathognomonique; c'est pourquoi je me suis attaché à la recherche de ce signe, que j'ai cru trouver dans le phénomène de la *ligne blanche surrénale*, et je ne crois pas que les critiques qui m'ont été adressées aient anéanti la signification de ce symptôme, dont la valeur, reconnue par nombre de bons observateurs, ne peut être appréciée impartialement que si on s'inspire de certaines idées générales que j'ai cherché à résumer dans les lignes suivantes : « En pathologie et en clinique, il n'y a pas, au sens absolu du mot, de symptômes pathognomoniques; les maladies sont reconnues à la présence d'un groupement de symptômes; les symptômes d'une même maladie n'existent pas tous au grand complet dans chaque cas particulier; ici, tel symptôme fait défaut, là, tel autre; mais il est des symptômes dont la constance est plus grande que celle d'autres symptômes. Tel est le cas de la *ligne blanche* dans le syndrome d'insuffisance surrénale. Est-ce à dire qu'elle suffit, à elle seule, à autoriser le diagnostic d'insuffisance surrénale? Ce serait outrepasser ma pensée que d'aller aussi loin. Ce que j'ai dit et ce que je maintiens, c'est que, lorsque je constate la présence de la *ligne blanche*, mon attention est éveillée et je recherche les autres signes de l'insuffisance surrénale, tout comme la mélanodermie d'aspect addisonien me fait rechercher les autres signes de la maladie d'Addison, sans que cela signifie que la mélanodermie ne puisse exister en dehors du syndrome addisonien complet. »

III. — LE ROLE DE L'INSUFFISANCE SURRÉNALE EN PATHOLOGIE. SON ÉTIOLOGIE ET SA PATHOGÉNIE

(Voir n°s *5, 7, 9, 17, 18, 21, 27, 28, 29, 31, 32, 33, 34, 35, 38, 40, 41, 42, 45, 50, 51, 55.*)

Pourquoi et comment les différents syndromes d'insuffisance surrénale apparaissent-ils? Quelles sont les conditions pathogéniques qui régissent leurs différences et qui président à leur éclosion? (Consulter le n° 7 et le n° 43).

Il n'est pas douteux, à mon sens, que si le *siège primitif de la lésion*, le *sens de sa propagation*, l'*importance de son étendue*, la *durée de son évolution*, règlent les diverses expressions cliniques de ces syndromes, d'autres facteurs pathogéniques interviennent aussi. A côté du *facteur anatomique*, doit prendre place le *facteur étiologique*, dont le mode d'action apparaît avec netteté si on se souvient des *notions physiologiques* rappelées dans le premier chapitre.

Le SYNDROME ADDISONIEN classique, c'est-à-dire la maladie d'Addison, dont la mélanodermie [1] est inséparable, nécessite l'intervention de deux facteurs pathogéniques : d'une part, l'insuffisance surrénale, d'autre part, l'irritation des plexus nerveux du sympathique. Cette double condition est remplie par une lésion unique, il est vrai, mais qui offre certaines particularités de siège et de durée. Cette lésion est presque toujours de nature *tuberculeuse;* c'est, en tout cas, constamment une lésion *chronique*, qui *englobe la zone péricapsulaire* (Alezais et Arnaud); les lésions capsulaires aiguës n'entraînent jamais le syndrome addisonien, parce qu'elles sont limitées à la glande elle-même et respectent la zone péricapsulaire ; à moins que, passant à l'état chronique, elles ne durent assez longtemps pour l'atteindre : c'est ainsi qu'on a rapporté quelques observations de maladie d'Addison consécutive à la fièvre typhoïde (Evans, Castaigne).

Si cette notion, *essentiellement topographique*, suffit à séparer la maladie d'Addison et les différents types de *syndromes solaires* (Laignel-Lavastine, etc.) des syndromes d'insuffisance surrénale pure,

1. Entre autres preuves de la pathogénie sympathique et non surrénalienne de la mélanodermie, on peut faire remarquer qu'on l'observe *très souvent* dans les syndromes thyroïdiens et, notamment, dans le syndrome de Basedow. *Cette constatation ne saurait surprendre, alors que les glandes vasculaires sanguines nous apparaissent aujourd'hui comme un véritable appareil constitué par plusieurs organismes reliés entre eux par un lien commun, le sympathique.* Cette notion, par ailleurs, éclaire d'un jour lumineux la pathogénie de certains troubles fonctionnels d'hyper ou d'hypo-fonctionnement endocrinien, qui peuvent survenir sans lésion glandulaire et sont imputables à une perturbation sécrétoire provoquée par une excitation ou par une inhibition d'origine nerveuse. C'est ainsi, par exemple, qu'on peut observer, comme Lucas-Championnière l'avait signalé et comme j'en ai vu quelques cas, des accidents d'insuffisance surrénale fonctionnelle provoqués par les tiraillements des plexus péricapsulaires dans le rein mobile, la capsule restant fixe alors que le rein se déplace.

elle ne saurait expliquer pourquoi de grosses lésions macroscopiques (n'intéressant pas la zone péricapsulaire) peuvent rester latentes, tandis que des lésions beaucoup moins massives provoquent l'apparition de symptômes à évolution progressive, telle l'asthénie, ou d'accidents aigus, tel le syndrome que j'ai décrit avec L. Bernard. Reste donc à discuter le mécanisme intime qui préside à l'éclosion de l'insuffisance surrénale, soit qu'elle fasse partie du complexus morbide addisonien, soit qu'elle évolue isolément sous la forme d'un syndrome pur, lent ou aigu.

Les SYNDROMES D'INSUFFISANCE SURRÉNALE LENTE supposent la persistance d'un certain degré de fonctionnement glandulaire, et, par conséquent, une destruction incomplète de l'organe. Si, en effet, les surrénales étaient complètement détruites, la fonction serait radicalement supprimée et les accidents de l'insuffisance aiguë remplaceraient ceux de l'insuffisance lente. A cet égard, le rôle des *capsules surrénales accessoires* et celui de l'*hypertrophie compensatrice* des parcelles de tissu glandulaire respectées par la lésion ne doivent pas être perdus de vue.

D'autre part, la lésion macroscopique n'est pas seule en jeu ; il faut tenir compte des lésions microscopiques, inflammatoires ou dégénératives, qui existent dans les parcelles glandulaires respectées en apparence ; ceci explique pourquoi l'insuffisance peut survenir avec des lésions macroscopiques peu étendues, et pourquoi elle est très rare dans les tumeurs cancéreuses, alors qu'elle est si fréquente dans la tuberculose capsulaire, grâce à l'action de voisinage des toxines du bacille de Koch. C'est ici, d'ailleurs, qu'il faut se souvenir que la quantité de tissu surrénal nécessaire à la vie correspond, d'après Langlois, au onzième seulement du poids total.

A côté du facteur anatomique, représenté par la lésion chronique, un autre facteur entre en jeu dans le déterminisme de l'insuffisance surrénale lente, c'est l'accumulation progressive et constante des produits de déchet du travail musculaire, laquelle résulte du trouble même apporté à la fonction surrénale par cette lésion.

En définitive, l'insuffisance lente apparaît comme un type d'insuffisance *relative*. Mais, par la raison même qui préside à son évolution, elle tend vers l'insuffisance *absolue*, qui peut être l'aboutissement fatal de l'extension des lésions destructives; à cet égard, je signale une des observations que j'ai rapportées dans mon mémoire sur la forme pseudo-méningitique du syndrome d'insuffisance surrénale aiguë ; dans cette observation, les accidents aigus étaient sous la dépendance d'une poussée granulique locale qui, partie de foyers caséeux anciens, avait complètement infiltré les deux capsules et supprimé brutalement la fonction surrénale ; à ce titre, cette observation représente un exemple caractéristique du mécanisme pathogénique le plus fréquent du syndrome aigu d'insuffisance surrénale dans les lésions capsulaires chroniques jusque-là latentes.

Mais il n'en est pas toujours ainsi ; point n'est besoin d'une destruction complète de l'organe pour que l'insuffisance aiguë éclate sous la forme d'un syndrome aigu ou foudroyant.

Quelles sont donc les conditions qui peuvent provoquer l'apparition de L'INSUFFISANCE SURRÉNALE ABSOLUE ET DES SYNDROMES AIGUS ?

Une lésion aiguë peut brutalement détruire les glandes surrénales ; c'est le cas pour certaines *grandes hémorragies capsulaires*, qui provoquent un syndrome sur lequel Arnaud a attiré l'attention et qu'il a décrit sous le nom de *syndrome apoplectiforme surrénal*[1], syndrome qui doit être considéré comme la conséquence de l'insuffisance surrénale aiguë, dont le mécanisme se conçoit ici aisément.

A côté de ces lésions aiguës, massives et brutales, qui constituent, à proprement parler, une localisation morbide primitive et essentielle, prennent place celles qui surviennent à titre de complication ou de localisation secondaire au cours d'un processus toxique ou toxi-infectieux généralisé. Dans ces *surrénalites aiguës* — abstraction faite ici des modifications évolutives apportées au tableau clinique du syndrome d'insuffisance aiguë, noyé, comme je l'ai dit, dans le cortège des symptômes propres à la maladie causale — la pathogénie de l'insuffisance aiguë n'est pas moins évidente.

Il n'en est pas de même lorsque l'insuffisance aiguë survient chez des sujets porteurs de lésions capsulaires chroniques jusque-là latentes.

Ici il importe d'envisager le rôle des *causes occasionnelles* qui président, en général, à l'éclosion des syndromes aigus ; ce sont les *maladies infectieuses* et les *intoxications intercurrentes*, le *surmenage*, les *traumatismes accidentels* ou *opératoires*. Mais, parfois,

1. Arnaud. *Les hémorragies des capsules surrénales* (*Arch. gén. de Médec.* 1900).

aucune cause apparente n'intervient ; le sujet est atteint inopinément, en pleine santé.

Le rôle des *maladies infectieuses*[1] dans l'étiologie et la pathogénie de l'insuffisance surrénale a pris, dans ces dernières années, une importance dont j'ai montré, dans les pages précédentes, toute la valeur pour les cliniciens et que je me suis personnellement attaché à mettre en relief. Les maladies infectieuses peuvent provoquer des surrénalites aiguës (n° 5) ; celles-ci, lorsqu'elles ne sont pas assez profondes pour entraîner la mort, peuvent passer à l'état chronique (n° 9) et engendrer, tôt ou tard, l'apparition d'un syndrome d'insuffisance surrénale lente, lui-même susceptible de se terminer par des accidents aigus. Ces surrénalites chroniques s'observent surtout à la suite de la scarlatine et de la fièvre typhoïde. Bien plus, et c'est là ce que je veux montrer maintenant, les maladies infectieuses sont souvent la cause occasionnelle qui va rompre « l'équilibre fonctionnel jusqu'alors instable » chez des sujets porteurs de lésions capsulaires encore silencieuses. Deux conditions peuvent alors se présenter, ainsi que je l'ai écrit dans mon mémoire de 1902 sur *l'Insuffisance surrénale aiguë dans les maladies infectieuses* (n° 5) : « Ou bien l'infection intercurrente trahit l'insuffisance surrénale, comme elle peut révéler l'insuffisance hépatique ou l'insuffisance rénale, en provoquant dans la glande des lésions aiguës surajoutées aux lésions anciennes et en supprimant ainsi définitivement la fonction capsulaire déjà compromise ou encore suffisante (c'est le mécanisme que nous avons envisagé il y a un instant) ; ou bien, elle accumule dans l'organisme un excès de produits toxiques vis-à-vis duquel la fonction surrénale antitoxique, déjà moins active, devient impuissante ». Si la première condition est admissible lorsqu'il s'agit d'une maladie infectieuse grave, elle ne l'est point pour une infection légère, telle la simple *angine pultacée* qu'on retrouve dans nombre d'observations. Neusser, en 1897, avait montré déjà qu'il n'est pas rare de voir une infection légère, telle une angine banale, survenant au cours de la maladie d'Addison, aggraver l'état général au point

1. Les travaux récents de Chauffard et de ses élèves, en montrant l'importance de l'hypocholestérinémie dans les grandes intoxications et dans les grandes infections, et les relations qui unissent cette hypocholestérinémie avec l'hypoépinéphrie sont venus donner une confirmation intéressante aux notions acquises antérieurement sur le rôle de l'insuffisance surrénale au cours des maladies infectieuses et des intoxications (Lire à ce sujet : « L'hypocholestérinémie d'origine surrénale », par J. Troisier et Grigaut. *Presse médicale*, 28 déc. 1912).

d'entraîner la mort ; Ménétrier et Oppenheim, Netter et Nattan-Larrier ont, à leur tour, insisté sur cette action, qu'on retrouve également dans l'observation qui a marqué le point de départ de mes études sur l'insuffisance surrénale (n° 1).

Ce qui est vrai pour les maladies infectieuses l'est aussi pour les *intoxications intercurrentes, accidentelles* ou *médicamenteuses* (n°s 31 et 40) et particulièrement pour ces auto-intoxications si spéciales et parfois si profondes que représentent la *grossesse* (n° 34) et le *surmenage*. Celui-ci augmente la dose des déchets que doit neutraliser la fonction surrénale ; l'équilibre jusque-là instable, du fait de la lésion capsulaire chronique, même latente, est brusquement rompu et des accidents aigus ou foudroyants éclatent.

C'est ce même mécanisme qu'il faut invoquer lorsque l'insuffisance aiguë survient, *sans cause apparente* ou *à l'occasion d'une cause banale*, chez un sujet qui se croyait en bonne santé ; il a suffi d'un travail, d'un effort, qu'il n'a pas jugé excessif et qui, cependant, *était au-dessus de ses forces surrénales*.

Quant aux *traumatismes*, on peut concevoir qu'ils exercent, par influence nerveuse, une action en quelque sorte frénatrice sur la sécrétion glandulaire, qui, étant à peine suffisante, cesse de l'être de ce fait. Mais on peut aussi bien les considérer comme équivalant à un surmenage physique.

De ces considérations, il résulte que, au point de vue pathogénique, *l'insuffisance aiguë n'est pas nécessairement une insuffisance absolue, engendrée par la destruction complète des capsules, mais peut être une insuffisance relative, provoquée par une circonstance occasionnelle intercurrente* (maladie infectieuse, intoxication, traumatisme, surmenage).

Cette conception de l'insuffisance surrénale aiguë permet de comprendre « pourquoi des accidents d'intoxication aiguë peuvent éclater alors même que la sécrétion glandulaire n'est pas radicalement supprimée, et pourquoi, cependant, ils restent incontestablement fonction d'insuffisance et signes de lésion surrénale ».

Si nous résumons ces réflexions sur la pathogénie des différents syndromes d'insuffisance surrénale, nous voyons qu'on peut poser les deux grandes règles suivantes :

1° Les *syndromes lents* supposent l'intégrité d'une parcelle plus ou moins importante du tissu glandulaire (le onzième du poids total au moins, si on s'en rapporte aux données physiologiques) et sont toujours l'expression clinique d'une *insuffisance relative*.

2° Les *syndromes aigus* peuvent être l'expression clinique d'une *insuffisance absolue* ou d'une *insuffisance relative*.

Dans le premier cas, ils correspondent à des lésions destructives totales (lésions chroniques progressivement envahissantes, surrénalites aiguës et particulièrement hémorragies capsulaires massives).

Dans le second cas, ils correspondent à des lésions destructives incomplètes, aiguës ou chroniques, et sont le fait d'un surcroît de travail imposé à un organe qui ne suffit qu'imparfaitement à sa tâche normale, soit que survienne une maladie infectieuse, une intoxication, un surmenage, un traumatisme ; c'est l'insuffisance de la fonction antitoxique, déjà précaire et *débile*, en présence d'une quantité subitement excessive de poison[1].

Ces considérations étiologiques et pathogéniques dominent la détermination du *rôle de l'insuffisance surrénale* en pathologie (n° 38).

D'une façon générale, on peut dire que l'insuffisance surrénale apparaît dans deux conditions principales : d'une part, comme résultante de lésions capsulaires suffisamment étendues : d'autre part, comme effet d'un simple trouble ou déficit fonctionnel, qui peut être indépendant de toute lésion et relever d'une inhibition sécrétoire ayant son origine dans une cause générale ou de voisinage (psychasthénie, actes réflexes...) ou dans l'impossibilité pour la fonction antitoxique de neutraliser un excès de poison brusquement introduit dans l'organisme.

Dans l'un et l'autre cas elle peut se manifester par des accidents identiques.

Toutefois, on doit distinguer deux formes différentes : *la grande insuffisance* et *la petite insuffisance* ou *débilité surrénale*.

La grande insuffisance s'observe surtout quand on a affaire à des lésions capsulaires : la petite, quand il s'agit de troubles fonctionnels.

La *débilité surrénale* peut être *acquise* (reliquat de surrénalite chronique, tuberculose capsulaire partielle...) ou *congénitale*. Elle est la conséquence de trois ordres de causes : infections, intoxications, inhibition.

Elle conditionne l'éclosion d'accidents brusques de grande insuffisance surrénale chez des sujets jusque-là bien portants, à l'occasion d'une circonstance intercurrente qui demande aux glandes surrénales un surcroît de travail qu'elles ne sont pas en état d'assurer. C'est ainsi que peuvent s'expliquer bon nombre d'accidents consécutifs au surmenage, aux vaccinations antityphoïdiques, au shock traumatique, observés aux armées.

A l'appui de cette conception s'inscrit l'efficacité du rôle préventif de l'adrénaline contre les accidents du *salvarsan* (n° 40), du choc vaccinal (n°s 54 et 55), du *chloroforme* (n° 31), etc...

1. Point n'est besoin, même, d'une altération préalable des glandes surrénales : la fonction antitoxique peut être défaillante si l'excès de poison est considérable ; c'est ainsi que j'ai cru pouvoir expliquer la pathogénie de certaines prétendues paralysies de la chorée, à propos d'un cas de chorée molle (voir n° 21) qui a guéri rapidement par l'opothérapie surrénale, l'intensité des mouvements choréiques pouvant être comparée à un véritable surmenage musculaire.

IV. — LES APPLICATIONS PRATIQUES DE LA NOTION D'INSUFFISANCE SURRÉNALE THÉRAPEUTIQUE ET MÉDECINE LÉGALE

(Voir nos *22, 25, 26, 27, 30, 36, 44, 45, 46, 52, 53.*)

A) Médecine légale et médecine militaire.

Le médecin légiste devra toujours examiner et noter l'état des capsules surrénales.

La *mort subite,* des accidents aigus à allure *d'empoisonnement*, de *péritonite,* de *coma apoplectiforme,* de *méningite*... n'ont parfois pas d'autre origine qu'une lésion capsulaire.

Bien plus, même dans les cas où un *traumatisme, opératoire ou non*, un *accouchement,* une *chute,* un *surmenage physique*, une *intoxication accidentelle* ou *criminelle, médicamenteuse* ou *alimentaire*, pourrait paraître *a priori* la cause immédiate de la mort, le médecin légiste devra se souvenir que l'insuffisance surrénale aiguë peut éclater, à l'occasion de pareilles circonstances, sans avoir été précédée d'aucun symptôme d'insuffisance lente et sans que la destruction glandulaire soit complète.

Les lésions des capsules surrénales ont une importance qui ne saurait plus être méconnue dans un rapport médico-légal.

La notion clinique de l'insuffisance surrénale intéresse au plus haut point le médecin légiste, tant au point de vue des *accidents du travail* qu'au point de vue de la *responsabilité* du médecin, du chirurgien et de l'accoucheur. (Voir n° 31.)

Elle intéresse au même degré les médecins militaires, qui devront savoir que la *débilité surrénale* peut expliquer nombre de cas de *chocs vaccinaux,* d'accidents de *surmenage*...

B) Applications thérapeutiques.

TRAITEMENT. — OPOTHÉRAPIE SURRÉNALE

Le traitement de l'insuffisance surrénale comprend les mesures préventives et la médication curative.

Par *traitement préventif* il faut entendre l'ensemble des mesures destinées à éviter l'éclosion des accidents d'insuffisance surrénale aiguë, chez les sujets qui sont atteints d'un syndrome lent.

Les malades devront s'abstenir de tout travail fatigant, éviter les contacts avec les sujets atteints de maladies infectieuses, se méfier des médicaments toxiques et particulièrement de l'arsenic, qui est pour les surrénales un poison violent, ne se soumettre aux interventions chirurgicales que si elles sont rigoureusement indispensables. Chez les femmes, une grossesse peut être l'occasion des accidents d'insuffisance aiguë.

Par contre, ces malades tireront bénéfice de la médication phosphatée et, particulièrement, de la lécithine.

Le *traitement curatif* comporte surtout la médication opothérapique.

Toutefois, il convient de rappeler que la syphilis peut toucher les capsules surrénales et provoquer un syndrome d'insuffisance; aussi bien, lorsqu'un syphilitique présentera un syndrome d'insuffisance surrénale et particulièrement le syndrome addisonien, dont on a rapporté quelques observations, devra-t-on tenter l'épreuve du traitement spécifique ; mais le mercure et même l'iodure doivent être maniés, en pareil cas, avec les plus grandes précautions, car ils constituent pour les capsules surrénales de violents poisons. Le salvarsan (n° 40) devra être prescrit avec prudence également et chaque injection devra être précédée d'une injection d'adrénaline.

Abstraction faite de ces cas, d'ailleurs fort rares, c'est dans *l'opothérapie* que se résume la thérapeutique spécifique de l'insuffisance surrénale.

Le désaccord sur les résultats signalés dans les observations anciennes et dans les récentes doit trouver sa raison dans ce fait que les extraits surrénaux sont mieux préparés aujourd'hui. Au surplus, cette question de l'opothérapie est des plus intéressantes, non seulement au point de vue pratique, mais aussi au point de vue théorique, car elle apporte un argument de haute valeur en faveur de la pathogénie des syndromes cliniques en montrant indirectement qu'ils sont bien la conséquence de l'insuffisance surrénale. Sur ce terrain, l'opothérapie clinique a donné des preuves beaucoup plus convaincantes que l'opothérapie expérimentale ; en effet, les greffes de tissu surrénal n'ont presque jamais vécu et les injections d'extrait surrénal chez les animaux n'ont pu parvenir à enrayer notablement les accidents de la décapsulation. Toutefois, il convient d'éviter le danger qu'il y aurait à rattacher à l'insuffisance surrénale tous les états morbides qui peuvent être améliorés par l'opothérapie surrénale.

Il y aurait un intérêt de premier ordre à isoler le principe actif dans chacune des deux grandes fonctions des surrénales ; car il est évident que, si l'adrénaline exerce une influence manifeste sur l'état de la tension artérielle, elle n'a qu'une action insuffisante sur l'asthénie ; toutefois, il ne semble point qu'une démarcation absolue puisse être dès maintenant tentée relativement aux parties de tissu glandulaire strictement réservées à chacune des deux grandes fonctions surrénales ; aussi bien, ne saurait-on trop s'étonner que l'opothérapie surrénale, administrée sous forme d'extraits totaux — qui peuvent contenir plus ou moins d'adrénaline — n'ait pas toujours été suivie de relèvement de la tension artérielle, alors qu'elle améliorait l'asthénie, ainsi que l'ont signalé dans ces derniers temps quelques observateurs.

Ces considérations ont une haute importance pratique ; elles montrent que, si l'opothérapie, dès maintenant, peut procurer des résultats excellents, elle n'est pas toujours si efficace et que, d'autre part, tous les auteurs ne professent pas la même opinion sur le mode d'administration le plus favorable.

1° *Posologie et mode d'administration.*

Pour ma part, j'estime que les glandes fraîches ou, mieux encore, l'extrait total bien préparé, doivent être réservés aux syndromes lents ou aigus, dont l'asthénie est le symptôme dominant, et que l'adrénaline peut suffire lorsque les signes d'hypotension sont les plus accentués.

Les glandes fraîches doivent être cherchées aux abattoirs chaque jour et prises, de préférence, sur de jeunes veaux ; on commence par la dose de 1gr,50 à 2 grammes et on augmente progressivement jusqu'à 5 grammes et même davantage. On peut leur substituer aujourd'hui sans danger et même avec avantage l'une des préparations d'extrait total desséché qui offrent les meilleures garanties ; celles-ci sont administrées en cachets, à la dose de 30 à 90 centigrammes par jour en trois fois, durant dix à douze jours consécutifs ; après une interruption de cinq à dix jours, on recommence une nouvelle série et ainsi de suite, aussi longtemps que l'état de la tension artérielle et la tolérance gastrique le permettent. Cette pratique compte à son actif des succès parfois inattendus ; c'est elle qui a fourni la plus grande partie des cas de guérison (Béclère, etc.) et qui m'a permis de constater, en même temps que l'amélioration de l'état général, dans un cas de maladie d'Addison, la disparition de la ligne blanche et de l'hypotension artérielle (n° 15).

Dans la grande majorité des cas, il y a intérêt à employer l'extrait total. Cependant, lorsqu'au cours d'une maladie infectieuse on voit survenir ces signes d'*asthénie cardio-vasculaire*, qu'on rattache communément à la myocardite et qui sont si souvent la conséquence d'une localisation surrénale, on peut recourir à l'adrénaline.

Rolleston, Netter, Josué, nombre d'observateurs, ont montré tout le bénéfice qu'on peut tirer de cette pratique. Pour ma part, depuis plusieurs années, dès les premiers signes de défaillance cardio-vasculaire, d'hypotension, je n'hésite pas à administrer l'adrénaline ; bien plus, dans certaines maladies infectieuses, au cours desquelles ces signes sont très fréquents, telle la fièvre typhoïde, j'emploie l'adrénaline préventivement et je ne puis que m'en féliciter.

J'ai d'abord prescrit l'adrénaline à des doses que je croyais assez élevées et qui, en réalité, sont insuffisantes : je suis arrivé progressivement à donner des doses beaucoup plus fortes, tout en conservant les mêmes règles relativement au fractionnement et aux intermittences ; de même, j'ai été amené à donner le plus souvent la préférence à la méthode des injections sous-cutanées.

Dans mon dernier mémoire (n° 53) j'ai exposé avec grands détails les principes qui doivent régir la posologie et le mode d'administration de l'adrénaline, et, d'une façon générale, des extraits surrénaux.

Deux grands principes dominent : 1° les doses communément prescrites sont insuffisantes ; elles doivent être augmentées très notablement ; 2° l'adrénaline, quel que soit le mode d'administration (ingestion ou injection) doit toujours être prescrite en doses fractionnées.

1° La dose varie avec la nature des accidents, avec leur intensité, avec la forme du syndrome clinique (aigu ou lent).

Dans les syndromes aigus j'ai donné jusqu'à 5 et 6 milligrammes d'adrénaline en dix à douze injections d'un demi-milligramme, avec deux à trois cachets de poudre surrénale à 30 centigrammes et même un cachet de 10 centigrammes d'hypophyse.

Dans les syndromes lents, la dose d'entretien est beaucoup moindre et peut se limiter aux cachets.

2° Je préfère les injections d'adrénaline à l'ingestion en raison de la fragilité de ce produit, rapidement altéré par la salive et le suc gastrique. L'action vaso-constrictive et toni-cardiaque étant passagère, les doses doivent être fractionnées et fréquemment renouvelées. Jamais je n'ai eu à constater aucun accident sérieux, imputable aux injections ; mais j'ai toujours pris soin de n'injecter que des solutions diluées (un demi-milligramme par centimètre cube).

La remarquable observation du Dr Grasset (n° 52) montre bien que les doses d'adrénaline doivent être beaucoup plus élevées que celles qui sont habituellement prescrites.

2° *Indications de l'opothérapie surrénale* (n° 22).

A) L'opothérapie surrénale trouve tout d'abord son indication la plus logique *dans tous les cas d'insuffisance surrénale,* sous quelque forme qu'ils se présentent.

Ici, le mode d'administration varie, ainsi que nous venons de le voir, suivant le type clinique du syndrome. Il suffira de se reporter aux chapitres précédents pour trouver la révision rapide de ces divers types.

B) L'opothérapie surrénale est également indiquée dans tous les cas où les propriétés des extraits surrénaux peuvent être utilement mises à profit par la thérapeutique, *en dehors de l'insuffisance surrénale.*

C'est ainsi que les extraits surrénaux peuvent être employés comme *vaso-constricteurs*, comme *hémostatiques*, comme *toniques cardio-vasculaires* et même *comme toniques généraux dans certaines maladies de la nutrition.*

Les deux premières de ces indications concernent surtout la chirurgie. De la troisième nous avons vu l'essentiel précédemment (asthénie cardio-vasculaire); ajoutons-y, ainsi que Josué l'a montré et que je l'ai vu moi-même, l'heureuse action de l'adrénaline dans certaines asystolies que n'influence pas la digitale (n° 41).

La quatrième indication contient toutes les applications de l'adrénaline au traitement de certaines ostéopathies ; elle est basée sur son rôle dans le processus de recalcification ; c'est ce *rôle fixateur des sels de chaux* que j'ai mis à profit dans mon *traitement surréno-calcique de la tuberculose.*

C'est en partant de ces données cliniques et thérapeutiques que la médication surrénale a été utilement et efficacement appliquée à bon nombre d'états morbides de la *pathologie de guerre*.

II. — PATHOLOGIE DU CORPS THYROIDE

TRAVAUX SUR LA PATHOLOGIE DU CORPS THYROIDE ET SES RAPPORTS AVEC LE RHUMATISME

1° *Dégénérescence calcaire du lobe gauche du corps thyroïde et atrophie du reste de la glande dans un cas de psoriasis arthropathique terminé par myxœdème fruste* (Soc. anat., 23 février 1894).

2° *Syndrome de Basedow consécutif à une crise de rhumatisme articulaire aigu prolongé* (Soc. méd. des Hôpit., 22 novembre 1907).

3° *Rhumatisme chronique et insuffisance thyroïdienne* (Soc. méd. des Hôpit., 22 mai 1908).

4° *Le rhumatisme chronique progressif et déformant par insuffisance thyroïdienne* (Presse médicale, 15 juillet 1908, en collaboration avec M. Pierre Menard, auteur d'une thèse inspirée par moi : « Origine thyroïdienne du rhumatisme chronique, progressif et déformant », Paris, 1908).

La première de ces publications est un des documents les plus importants de l'histoire des relations du rhumatisme chronique progressif avec les altérations de la glande thyroïde ; elle contient la seule autopsie connue. Dans cette observation les manifestations morbides initiales ont consisté en poussées successives de psoriasis, dont le début coïncida avec divers troubles de la ménopause ; puis, les douleurs articulaires survinrent et s'accompagnèrent bientôt de déformations revêtant le type de la polyarthrite déformante progressive ; dans la dernière année apparurent des symptômes de myxœdème fruste comparables à ceux que venaient de signaler MM. Chantemesse et René Marie au moment de la ménopause. A l'autopsie on trouva la glande thyroïde très atrophiée et presque entièrement calcifiée. Il est incontestable que cette terminaison par myxœdème fruste était dans ce cas sous la dépendance de l'atrophie de la glande thyroïde. Mais on pouvait aussi se demander si la lésion de la glande thyroïde ne commandait pas les symptômes du psoriasis arthropathique, qui avaient été les premiers en date et avaient précisément débuté au moment de la ménopause. Ainsi comprise, la pathogénie du psoriasis arthropathique pouvait être rapportée à *l'insuffisance thyroïdienne.* C'est dans cet esprit que j'avais publié cette observation, la considérant comme une observation d'attente, pouvant éclairer la pathogénie très discutée du psoriasis arthropathique.

Quatre ans après, en 1899, Lancereaux et Paulesco signalaient l'amélioration de deux cas de polyarthrite déformante par le traitement thyroïdien ; leurs observations furent confirmées par Parrhon et Papinian, Viala, Claisse ; bientôt Léopold Lévi et H. de Rothschild commencèrent leurs recherches sur l'insuffisance thyroïdienne.

Dans ma deuxième publication, j'ai apporté une observation démonstrative de syndrome de Basedow développé au décours d'une crise aiguë de rhumatisme prolongé. Cette observation confirmait les vues que venait d'exposer Vincent en étudiant le *signe thyroïdien* et la *réaction de défense du corps thyroïde* dans le rhumatisme articulaire aigu ; l'excès de cette réaction de défense engendre l'hypertrophie thyroïdienne intense et tenace et aboutit au syndrome de Basedow. Le goitre exophtalmique consécutif au rhumatisme n'était, d'ailleurs, point une nouveauté. Il avait déjà été signalé par Perry en 1872, puis par Charcot. Cette complication du rhumatisme articulaire aigu est l'opposée de l'absence de réaction thyroïdienne. Certains rhumatisants ne réagissent pas au salicylate de soude ; chez eux, le signe thyroïdien fait défaut ; il suffit d'associer au salicylate de soude une petite dose de thyroïdine pour déclancher l'effet thérapeutique et pour juguler la crise.

Aussi bien est-on conduit à penser que, lorsque la réaction thyroïdienne fait défaut, la crise de rhumatisme articulaire aigu se prolonge et qu'ainsi peut s'expliquer le passage à l'état chronique de bon nombre de rhumatismes articulaires aigus.

Et cette interprétation nous conduit à l'étude des relations du rhumatisme chronique avec l'insuffisance thyroïdienne, qui a fait l'objet de ma troisième et de ma quatrième publications et de la thèse de mon élève Pierre Menard.

Les relations du rhumatisme chronique avec l'insuffisance thyroïdienne trouvent un argument capital dans l'observation de ma première publication ; elles s'établissent, d'autre part, sur l'influence heureuse du traitement thyroïdien dans bon nombre de cas de polyarthrite déformante progressive, surtout si on l'associe à l'iode, excitant précieux de la sécrétion glandulaire. Il est intéressant de constater que tous les états qui s'accompagnent d'hyperthyroïdie physiologique favorisent, chez les rhumatisants chroniques, l'amélioration des crises articulaires. C'est ainsi que le fait s'observe assez souvent à l'occasion d'une grossesse. Avec Pierre Menard nous avons rapporté la très curieuse et très instructive observation d'une malade qui, atteinte peu après la ménopause de rhumatisme déformant rebelle à toute médication, guérit spontanément à propos de l'apparition d'un syndrome de Basedow typique.

Ces diverses observations montrent combien sont étroites les relations qui unissent les diverses formes du rhumatisme articulaire, aigu et chronique, avec les perturbations fonctionnelles de la glande thyroïde. Sans prétendre à généraliser à l'excès, il est permis d'envisager la possibilité d'expliquer par une altération thyroïdienne le passage de certains rhumatismes aigus à l'état chronique et de trouver dans la pathologie du corps thyroïde une sorte de lien intermédiaire entre le rhumatisme aigu et le rhumatisme chronique : le rhumatisme aigu provoque, à l'instar de la plupart des maladies infectieuses, l'hypertrophie thyroïdienne de défense avec hyperthyroïdation plus ou moins accentuée et prolongée ; celle-ci régresse ensuite, mais la régression peut être excessive et aboutir à l'épuisement fonctionnel, à l'hypothyroïdation, avec ou sans atrophie scléreuse, en un mot à l'insuffisance thyroïdienne, facteur puissant du rhumatisme chronique.

A la suite de ces considérations sur la pathologie du corps thyroïde et sur ses rapports avec le rhumatisme, je crois devoir signaler certaines parties d'un de mes mémoires sur la pathologie de guerre, dans lequel je rapporte plusieurs observations de *syndrome de Basedow chez des blessés de poitrine, à la suite de lésions des nerfs du médiastin et particulièrement du sympathique.* Ces observations viennent à l'appui de la théorie pathogénique qui rattache la maladie de Basedow à une lésion ou à une névrose du sympathique. Le syndrome de Basedow n'est pas une maladie mais la conséquence d'une excitation fonctionnelle de la glande thyroïde, excitation dont les causes peuvent être des plus variables. (Voir troisième partie. Plaies de poitrine, n° 3.)

DEUXIÈME PARTIE

TUBERCULOSE ET AFFECTIONS DES VOIES RESPIRATOIRES

CHAPITRE I

TUBERCULOSE

LISTE CHRONOLOGIQUE GÉNÉRALE

1. Un cas de pseudo-tuberculose aspergillaire simple chez un gaveur de pigeons (*Soc. méd. des Hôpit.*, 13 juillet 1894, en collaboration avec Gaucher).
2. Lésions pulmonaires chez un gaveur de pigeons (*Soc. de Biologie*, 27 avril 1895, en collaboration avec Rénon).
3. La bile et la bacille de Koch. La tuberculose des voies biliaires (*Soc. de Biologie,* 10 et 17 mai 1895).
4. Tubercules et cavernes biliaires. Recherches anatomo-pathologiques, bactériologiques et expérimentales. Pathogénie de la tuberculose des voies biliaires (*Thèse de doctorat*, 17 décembre 1895).
5. Pathogénie de la tuberculose des voies biliaires (*Presse méd.*, 1896, n° 30).
6. Recherche du bacille de Koch dans la bile (*Revue de chirurgie,* mai 1897).
7. Tubercules et cavernes biliaires (*Presse méd.*, 1898, n° 72).
8. A propos d'un cas de tumeur blanche chez un tuberculeux syphilitique (*Soc. méd. des Hôpit.*, 3 mars 1905).
9. Syphilis et tuberculose (Communicat. au Congrès internat. de la tuberculose, Paris, octobre 1905, publiée *in extenso* dans les *Archives générales de Médecine*, 3 octobre 1905).
10. Traitement de la tuberculose par la recalcification (*Soc. méd. des Hôpit.*, 30 mars 1906, à propos d'une communication de Ferrier).

10 *bis*. A propos d'un cas de pneumopathie syphilitique (*Journal des Praticiens*, 22 décembre 1906).

11. Syphilis et tuberculose (*Monographie*, Masson, édit., février 1907).

12. Formes scrofuloïdes de la syphilis (*Soc. méd. Hôpit.*, 24 janvier 1908).

13. Évolution et traitement de la tuberculose chez les syphilitiques (*Presse méd.*, 14 octobre 1908).

14. Les épanchements pleuraux dans la syphilis tertiaire (*Soc. des Hôpit.*, 11 février 1910).

15. La valeur thérapeutique de la recalcification (méthode de Ferrier), dans la tuberculose pulmonaire, jugée par six années de pratique (*Presse méd.*, 19 novembre 1910).

16. Appendicite chronique et tuberculose. Les entéro-colites prétuberculeuses (*Soc. des Hôpit.*, 3 février 1911).

17. Valeur de la réaction à la tuberculine chez les syphilitiques (*Bulletin de la Soc. d'Etudes scientifiques sur la tuberculose*, décembre 1911).

18. L'adrénaline dans le traitement de la tuberculose (*Paris médical*, février 1912).

19. Discussion à la Société médicale des Hôpitaux sur les rapports de l'appendicite chronique et de la tuberculose, à propos d'une communication de M. Walther sur l'appendicite à manifestations thoraciques (*Soc. des Hôpit.*, 9 février 1912).

20. Valeur diagnostique et pronostique de l'intra-dermo-réaction à la tuberculine (*Soc. d'Études scientifiques sur la tuberculose*, bulletin de mai 1912, en collaboration avec Pruvost).

21. Tuberculose pulmonaire et appendicite chronique (*Journal de Méd. et de Chir. pratiques*, 10 mai 1912).

22. L'inégalité pupillaire dans les affections pleuro-pulmonaires (*Progrès méd.*, 11 mai 1912).

23. Tuberculose et syndrome solaire (*Journal des Praticiens*, 8 juin 1912.

24. Dans quelle région du sommet faut-il chercher les premiers signes physiques de la tuberculose pulmonaire? Valeur de la zone d'alarme de Stephen Chauvet (*Soc. méd. des Hôpit.*, 14 juin 1912 et discussion, 21 et 28 juin 1912).

25. L'insuffisance surrénale chez les tuberculeux (*Gaz. des Hôpit.*, 11 juillet 1912).

26. La médiastinite chronique considérée dans ses rapports avec la tuberculose (*Presse méd.*, 3 août 1912).
27. Discussion à la Société d'Études scientifiques sur la tuberculose à propos d'une communication de MM. Bezançon et Gastinel. Réaction de Wassermann dans un liquide pleural de nature tuberculeuse au cours d'une syphilis secondaire (11 juillet 1912).
28. La cure de recalcification. Sa technique. Ses indications. Ses résultats (*Consultations médicales françaises*, Poinat, novembre 1912, — 2e édition sous presse).
29. Discussion à la Société d'Études scientifiques sur la tuberculose, à propos d'une communication de MM. Heitz-Boyer et Braun, sur la tuberculose rénale (octobre 1912).
30. Discussion à la Société d'Etudes scientifiques sur la tuberculose à propos d'une communication de MM. L. Bernard et Vitry sur « l'Influence de l'adrénaline sur les échanges calciques chez les tuberculeux » (12 décembre 1912).
31. Dans quelle région du poumon faut-il chercher les premiers signes physiques de la tuberculose pulmonaire chronique? (*Monde médical*, 25 décembre 1912 et 5 janvier 1913).
32. Les pleurésies des syphilitiques (*Journal de Méd. et de Chirurg. pratiques*, 10 mars 1913).
33. Discussion à la Société médicale des Hôpitaux, à propos d'une communication de Rist sur le traitement de l'hémoptysie par l'injection intra-veineuse d'extrait de lobe postérieur d'hypophyse (*Soc. des Hôpit.*, 17 avril 1913).
34. Les éléments du diagnostic de la tuberculose chez les syphilitiques (*Bulletin méd.*, 16 avril 1913).
35. Les trachéo-bronchites de la syphilis secondaire et leur diagnostic avec la tuberculose (*Journal des Praticiens*, 16 avril 1913).
36. Valeur séméiologique de la tuberculose fibreuse dans la recherche de la syphilis (*Progrès méd.*, 26 avril 1913).
37. Les formes scrofuloïdes de la syphilis (*Bulletin méd.*, 28 mai 1913).
38. Tuberculose et grossesse (*Presse méd.*, 5 juillet 1913).
39. Tuberculose et érythème noueux (*Tuberculosa*, 10 juillet 1913).
40. Valeur de l'exploration des sommets dans la recherche des premiers signes physiques de la tuberculose pulmonaire chronique de l'adulte (*La Clinique*, 11 juillet 1913).
41. L'opothérapie surrénale dans la tuberculose (*Journal de Méd. et de Chir. pratiques*, 25 juillet 1913).

42. Discussion à la Société d'Etudes scientifiques sur la tuberculose, à propos d'une communication de L. Bernard, Debré et Baron (Recherches sur la bacillémie), sur le passage du bacille de Koch dans la bile (8 mai 1913).

43. Ce qu'il faut entendre par prétuberculose (*Journal médical français*, 15 août 1913).

44. L'espace inter-scapulo-vertébral envisagé au point de vue de la séméiotique physique de l'appareil respiratoire (*L'Hôpital*, janvier 1914).

45. Discussion à la Société médicale des Hôpitaux, à propos d'une communication de L. Bernard sur le traitement de la syphilis par le Salvarsan chez les tuberculeux (27 février 1914).

46. Le rôle du terrain dans la tuberculose (*Bulletin méd.*, 25 mars 1914).

47. Discussion à la Société d'Etudes scientifiques sur la tuberculose, en juin 1914, à propos d'une communication du Dr Mantoux, sur Syphilis et Tuberculose.

48. Le médiastin chez les tuberculeux adultes (*Bulletin méd.*, 27 juin 1914).

49. De quelques erreurs d'interprétation dans l'exploration stéthacoustique des sommets chez l'adulte (*Journal des Praticiens*, 27 juin 191).

50. Tendance de l'esprit médical actuel à étendre exagérément le domaine de la tuberculose. Critique des méthodes de diagnostic de la tuberculose (*Le Monde médical*, 25 juillet 1914).

51. Les éléments du pronostic dans la tuberculose pulmonaire (*Journal de Méd. et de Chir. pratiques*, 25 juillet 1914).

52. La tuberculose et la guerre, sous la signature « Un prévoyant » (*Figaro*, 15 avril 1915, et *Journal de Méd. et de Chir. pratiques*, 25 mars 1916).

53. La tuberculose chez les soldats à la suite des traumatismes du thorax (*Soc. des Hôpit.*, 30 juin 1916 et *Journal de Méd. et de Chir. pratiques*, 25 juillet 1916).

54. Histoire suggestive de quelques faux tuberculeux. Diagnostic de la tuberculose pulmonaire et des affections des voies respiratoires supérieures (*Soc. méd. des Hôpit.*, 28 juillet 1916 et *Journal des Praticiens*, 5 août 1916).

55. Les signes de la pleurite du sommet et leur valeur dans le diagnostic de la tuberculose pulmonaire de l'adulte. L'adénite et la lym-

phangite nodulaire sus-claviculaires (*Presse méd.*, 24 août 1916).

56. Réflexions et propositions sur la réforme des militaires tuberculeux. Importance « des centres de triage ». Application à la réorganisation du fonctionnement et de la composition des commissions de réforme en général (*Rapport remis au Sous-Secrétariat d'Etat du Service de Santé*, 5 mai 1916).

57. Les enseignements cliniques d'un centre de triage de militaires suspects de tuberculose (en collaboration avec Gabriel Delamare (*Note lue à l'Acad. de méd.*, 31 octobre 1916 et *Journal de Méd. et de Chir. pratiques*, 25 novembre 1916).

58. Tuberculose et syphilis (réponse au Dr Poissonnier (*Journal des Praticiens*, 3 mars 1917).

59. Les suspects de tuberculose (*Paris médical*, 7 avril 1917).

60. Discussion à la Société médicale des Hôpitaux (16 février 1917, à propos de la communication de Ribadeau-Dumas : Conformation des sommets et tuberculose pulmonaire).

61. Evolution de la pleurite du sommet chez les tuberculeux (en collaboration avec Mlle German) (*Annales de médecine*, n° 2, 1917).

62. Deux cas de pyopneumothorax tuberculeux traités avec succès par les injections intra-pleurales d'azote goménolé (*Soc. méd. des Hôpit.*, 20 avril 1917).

63. Du choix de l'emplacement pour l'hôpital sanitaire-type (altitude, latitude, superficie, contenance optima) (*Rapport fait à la réunion des médecins-chefs des Hôpitaux sanitaires au Val-de-Grâce* le 17 mai 1917, sous la présidence de M. Justin Godart, Sous-Secrétaire d'État du Service de Santé).

63 *bis*. Sur un dispositif spécial des baraquements destinés à la cure des tuberculeux en hôpital sanitaire de fortune. La galerie de cure adossée à la baraque (Musée du Val-de-Grâce).

64. Les étapes du diagnostic pratique de la tuberculose pulmonaire. Pages d'histoire médico-militaire (*Monde médical*, novembre 1917).

65. Rapport au Sous-Secrétariat d'Etat sur le fonctionnement du centre de triage la Charité le Vésinet (26 décembre 1917).

66. Discussion à la Société médicale des Hôpitaux (16 novembre 1917), à propos de la communication du Dr Denéchau : « corps étranger intra-bronchique à type pseudo-tuberculeux ».

67. A propos du triage des tuberculeux aux armées (*Presse médicale*, 3 janvier 1918).

68. Sur la difficulté d'apprécier si une tuberculose pulmonaire chronique est en évolution active ou non (*Journal médical français*, n° spécial sur la tuberculose de guerre, 1918).

I

ANATOMIE PATHOLOGIQUE BACTÉRIOLOGIE ET PATHOLOGIE EXPÉRIMENTALE

TRAVAUX SUR LA PSEUDO-TUBERCULOSE ASPERGILLAIRE

(Voir les nos *1* et *2*.)

1. — Dans la première de ces deux communications, nous rapportons l'observation d'un homme dans les crachats duquel la notion de profession nous amena à rechercher l'*aspergillus fumigatus*; nous pûmes l'y rencontrer; un pigeon inoculé mourut en quarante-huit heures et nous retrouvâmes le champignon dans les viscères de l'animal.

Jamais nous ne pûmes colorer de bacilles de Koch sur les préparations faites avec les crachats du malade, et cela malgré de très nombreuses recherches; de plus, un cobaye inoculé avec les crachats fut sacrifié au bout de quarante jours; il ne présentait aucune trace de tuberculose, pas même au point d'inoculation.

Ce serait donc là une observation de pseudo-tuberculose aspergillaire simple, sans association de tuberculose bacillaire, fait d'une importance incontestable dans l'histoire de la phtisie des gaveurs de pigeons, isolée par les premières recherches de MM. Dieulafoy, Chantemesse et Widal, Potain, et consacrée comme maladie spécifique par les travaux d'ensemble de M. Rénon.

Mais il convient d'ajouter que le malade a été soigné depuis dans d'autres services et que, trois ans après, nos collègues Claude et Josué, alors internes de M. Bouchard, nous ont affirmé avoir trouvé des bacilles de Koch dans les crachats et n'avoir pu y trouver l'aspergillus.

Si bien qu'on peut se demander si, au moment où nous avons vu le malade, il ne commençait pas une tuberculose vraie, non encore ramollie et ne donnant pas lieu à l'expectoration de bacilles de Koch, ou si, au contraire, il n'est devenu tuberculeux que secondairement, du fait des lésions créées primitivement par l'aspergillose?

A propos de cette observation, nous avons fait une étude générale de *l'aspergillus fumigatus* et conseillé, pour la recherche du champignon dans l'expectoration, l'emploi de la méthode des gouttes pendantes de liquide de Raulin, ensemencées avec une parcelle de crachats et placées à l'étuve à 37°, en chambre humide. Cette étude bactériologique est relatée en détail dans notre communication.

2. — Dans notre seconde communication nous rapportons, en collaboration avec Rénon, les résultats de l'autopsie d'un des malades dont l'observation avait servi quatre ans avant pour la thèse de cet auteur.

Les lésions macroscopiques du poumon étaient identiques à celles que l'on rencontre dans la phtisie commune à tendance fibreuse.

Les colorations des coupes histologiques ne montrèrent l'aspergillus en aucun point. Il est juste d'ajouter qu'elles ne montrèrent pas davantage de bacilles de Koch ; mais elles permirent de constater la présence de nombreux foyers caséeux et de cellules géantes typiques.

Il est regrettable qu'il n'ait pas été pratiqué d'inoculations de fragments de ces poumons.

TRAVAUX SUR LA TUBERCULOSE DES VOIES BILIAIRES

(Laboratoire de M. Gaucher, à l'hôpital Saint-Antoine.)

(Voir les nos *3*, *4*, *5*, *6*, *7*, et *42*.)

La tuberculose des voies biliaires est surtout fréquente chez les enfants. Mais on peut la rencontrer aussi chez l'adulte et j'en ai, pour ma part, réuni seize observations.

A l'autopsie des sujets tuberculeux on trouve souvent, disséminées dans le foie, quelques granulations jaunes présentant en leur centre un petit point verdâtre ; ce sont *des tubercules péribiliaires*. Variant du volume d'une tête d'épingle à celui d'un grain de millet, ils sont si peu nombreux qu'il faut les chercher. Quelquefois, sans être plus nombreux, ils sont beaucoup plus volumineux ; leur centre est alors complètement ramolli et formé par une sorte de boue verdâtre ; ce sont des *tubercules caséeux infiltrés de bile* ou des *cavernes biliaires*, petites ou grosses.

De temps en temps, mais beaucoup plus rarement, on rencontrera un foie criblé de tubercules ou de cavernes semblables ; tantôt on ne trouvera qu'une grêle de tubercules miliaires infiltrés de bile ; tantôt on ne trouvera qu'une multitude de cavernes ; tantôt (et ce sera le plus souvent), ces deux aspects se rencontreront côte à côte. Dans ces cas, *fréquents surtout chez les enfants*, il semble qu'il y ait une sorte de systématisation de la tuberculose hépatique, et qu'on soit en présence d'une véritable angiocholite tuberculeuse. C'est à cette forme généralisée qu'il convient de réserver, en propre, le nom de *tuberculose des voies biliaires.*

Cruveilhier donnait à ces cavernes le nom de kystes biliaires et se refusait à les regarder comme étant de nature tuberculeuse. Les médecins d'enfants (Barrier, Rilliet et Barthez) avaient cependant les premiers reconnu leur origine et décrit nettement leurs caractères macroscopiques. Sabourin en fit plus tard une étude histologique remarquable.

Mais si l'anatomie pathologique de la tuberculose des voies biliaires était parfaitement connue, la pathogénie en restait discutée. Sabourin avait bien vu et bien montré que l'intégrité longtemps persistante de l'épithélium au sein des masses tuberculeuses les plus avancées dans leur évolution plaidait contre l'hypothèse d'une angiocholite tuberculeuse primitive et s'accordait plutôt avec l'idée d'une tuberculisation secondaire du canal biliaire, se faisant de dehors en dedans. Cette interprétation faisait du tubercule péribiliaire et de la caverne biliaire les homologues du nodule péribronchique et de la caverne pulmonaire.

Poussant plus loin la comparaison, M. Chauffard pensait que la caverne biliaire est le produit d'une angiocholite infectieuse, due à des germes venus de l'intestin et greffée sur une tuberculose péribiliaire.

A côté des auteurs précédents prenaient place d'autres observateurs qui niaient l'existence de la tuberculose des voies biliaires proprement dite. Ces derniers étaient surtout représentés par Kotlar qui, dans un travail publié pendant le cours de mes recherches personnelles, considérait cette variété de tuberculose hépatique comme l'aboutissement pur et simple d'une tuberculose chronique vulgaire secondairement modifiée.

La tuberculose des voies biliaires représentait-elle une systématisation véritable de la tuberculose dans le foie? Cette systématisation apparente n'était-elle qu'une illusion? Si elle existait réellement, de quelles causes relevait-elle? Y avait-il tuberculose primitive ou tuberculisation secondaire des voies biliaires ?

Ce sont surtout ces inconnues pathogéniques que j'ai voulu aborder et tenter de résoudre. Mais il m'a paru que les recherches anatomo-pathologiques pures et simples ne pouvaient conduire au delà des hypothèses formulées par les auteurs qui m'avaient précédé et qu'il appartiendrait peut-être à la pathologie expérimentale d'apporter la solution du problème.

Au moment où j'ai entrepris mes recherches, les données bactériologiques et expérimentales faisaient encore presque complètement défaut (à part les recherches de Hanot, Gilbert et Létienne sur la bile des tuberculeux).

Il m'a semblé logique de faire précéder mes tentatives de reproduction expérimentale de recherches sur les rapports de la bile et du bacille de Koch. C'était là une indication première à remplir, puisque mes essais de reproduction expérimentale devaient fatalement mettre en présence la bile et le bacille.

J'ai donc divisé mon travail en deux grandes parties :

1re Partie : *Clinique et Anatomie pathologique.*

2e Partie : *Recherches expérimentales entreprises en vue d'élucider la pathogénie* :

a) La bile et le bacille de Koch.

b) Essais de reproduction expérimentale.

Première partie. — La *clinique* est muette ; il est possible de soupçonner, chez un tuberculeux, une tuberculose hépatique ; il est impossible de faire le diagnostic de la variété dite tuberculose des voies biliaires, laquelle constitue toujours une *trouvaille d'autopsie.*

Anatomie pathologique. — Mon étude anatomo-pathologique repose sur l'examen complet (histologique et bactériologique) de seize observations inédites et personnelles.

Je n'ai rencontré aucun exemple de *tuberculose des voies biliaires extra-hépatiques* chez l'homme.

La tuberculose des *voies biliaires intra-hépatiques* affecte deux formes macroscopiques principales : une forme *discrète* et une forme *confluente.*

La forme *confluente*, qui répond à l'idée d'une tuberculose biliaire systématisée, peut être *miliaire aiguë* ou *chronique cavitaire.*

La variété *miliaire aiguë* ne semble pas avoir été rencontrée par les observateurs qui m'ont précédé. J'en ai relaté une observation caractéristique.

En même temps que ces tubercules et cavernes biliaires, on peut trouver des tubercules de siège indifférent ; on constate aussi des lésions cirrhotiques et dégénératives ; enfin les ulcérations tuberculeuses intestinales sont constantes, et, dans presque tous les cas de tuberculose confluente des voies biliaires, j'ai trouvé des lésions plus ou moins généralisées aux autres organes.

Au point de vue *microscopique*, j'ai décrit quatre variétés de tubercules : la *granulation péribiliaire*, le *tubercule ramolli infiltré de bile*, la *caverne biliaire*, le *tubercule fibreux de guérison*.

J'ai méthodiquement étudié dans leurs détails histologiques ces divers états du tubercule biliaire et me suis attaché à montrer, qu'abstraction faite des différences d'âge et d'étendue de la lésion dans chaque cas, le point de départ pouvait être considéré comme constant.

Mais, pour acquérir cette conviction, il est de toute nécessité de recourir à la pratique des coupes en séries, seule capable de conduire à une interprétation rationnelle des divers aspects observés.

Mes recherches m'ont conduit à la conclusion histologique suivante :

Qu'il s'agisse de formes discrètes ou confluentes, de granulations, de tubercules ou de cavernes biliaires, la lésion est identique :

Le tubercule biliaire est un tubercule développé dans la gaine

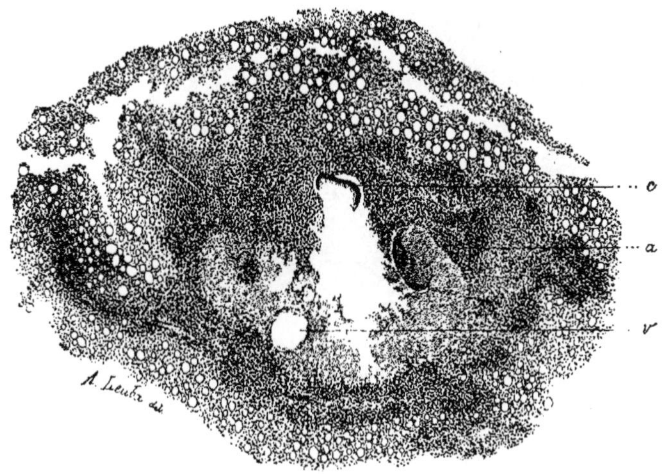

Fig. 1. — Coupe en plein tubercule, au niveau de l'ulcération du canal biliaire englobé dans la masse caséeuse ; — la lumière de la veine est vide.

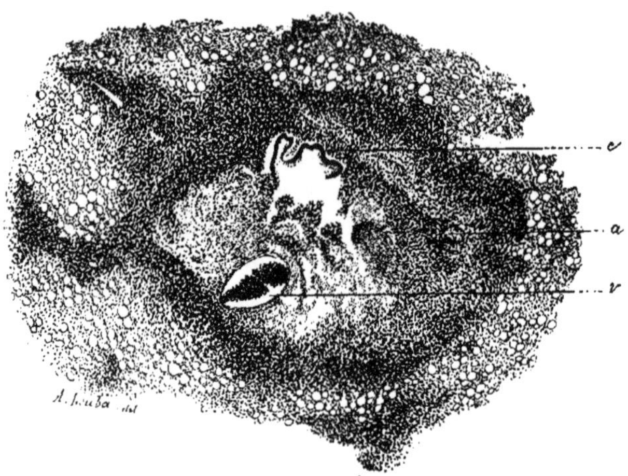

Fig. 2. — Coupe en plein tubercule, un peu plus haut : — la lumière de la veine est en partie bouchée par un caillot fibrino-cruorique : — l'épithélium du canal biliaire décrit des flexuosités et semble tapisser l'ébauche d'une caverne ; — la lumière de l'artère commence à devenir distincte.

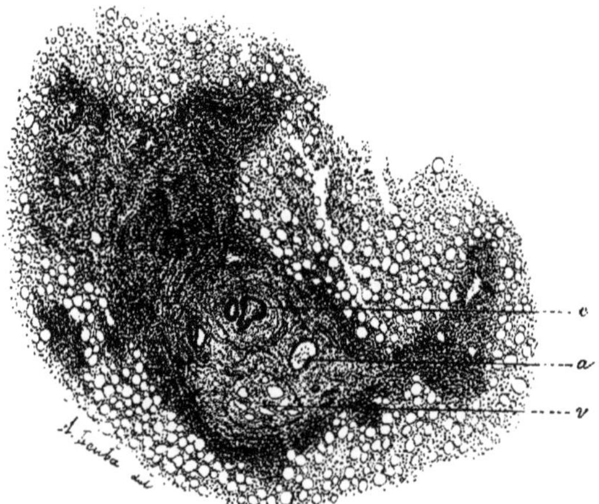

Fig. 3. — Coupe à la limite du tubercule, en amont : — l'espace porte est très net ; la veine seule est malade : thrombose complète, transformation en un cordon fibreux creusé de rigoles permettant un certain degré de circulation.

Explication des figures 1, 2, 3.

a. artère. — c, canal biliaire. — v. veine.

Ces figures représentent trois coupes de la série pratiquée sur un des tubercules de l'observation I de ma thèse et montrent les modifications qui apparaissent successivement dans l'ensemble de la coupe.

même d'un espace porte (ainsi que l'avaient vu Sabourin et Pilliet) *et paraissant avoir pour localisation primitive une thrombose de la veine. Le canal biliaire est englobé secondairement dans l'infiltration tuberculeuse, au milieu de laquelle son épithélium reste intact jusqu'au moment où il s'effondre en un point quelconque ; cet effondrement de la paroi du canal et de la barrière épithéliale permet à la bile de se répandre dans le caséum ambiant qu'elle va imprégner de ses pigments ; celui-ci, ainsi baigné par la bile, s'effrite, se transforme en une boue plus ou moins liquide qui, à son tour, reflue par la même issue, entraînant avec elle les bacilles qu'elle contient et qui passent ainsi dans la circulation biliaire.*

L'étude *microscopique* m'a conduit à d'intéressantes notions sur *l'évolution* du *tubercule en général* et m'a montré, en outre, l'existence de lésions variées du parenchyme hépatique (cirrhose, dégénérescence).

Enfin les recherches bactériologiques que j'ai faites dans tous mes cas m'ont montré :

1° L'absence d'infections biliaires associées (pyogènes ou autres) ; ce fait est en opposition avec l'hypothèse de M. Chauffard, précédemment mentionnée.

2° L'existence constante du bacille de Koch dans la bile;

3° La difficulté qu'il y a le plus souvent à colorer le bacille de Koch sur les coupes histologiques. Ce fait n'est pas dû à une imprégnation particulière du bacille par la bile, ainsi que me l'ont montré mes recherches sur la bile et le bacille de Koch, mais doit trouver sa raison dans la vivacité des phénomènes phagocytaires.

Deuxième partie. — *a*) Mes recherches sur les *rapports de la bile et du bacille de Koch* se groupent en deux séries :

1° J'ai examiné systématiquement la bile de tous mes sujets, au triple point de vue de la coloration, de la culture et de la virulence du bacille ;

2° J'ai cherché (dans un but de contrôle, et j'y suis parvenu) à obtenir des cultures de bacilles de Koch sur milieux plus ou moins additionnés de bile humaine, pour répéter sur ces cultures la série des recherches faites sur les biles de mes sujets.

Ces recherches m'ont conduit aux résultats suivants :

1° *Le bacille de Koch peut être coloré dans la bile aussi bien et par les mêmes méthodes que dans les autres milieux.*

2° *Le bacille de Koch peut vivre et être cultivé dans la bile.*

3° *Un séjour, même de plusieurs mois, dans la bile ne fait pas perdre au bacille de Koch sa virulence.*

4° *Le bacille de Koch existe dans la bile, dans la majorité sinon dans tous les cas de tuberculose des voies biliaires.*

5° *Le meilleur moyen de rechercher le bacille de Koch dans une bile donnée est de recourir d'emblée à l'inoculation au cobaye.*

b) Mes tentatives de *reproduction expérimentale* de la tuberculose des voies biliaires ont été faites avec des *cultures de provenance humaine* (abcès froid) et principalement sur des *chiens*.

D'autre part, comme il y avait intérêt à laisser vivre les animaux le plus longtemps possible, j'ai cherché, dans les cas où je faisais la ligature du cholédoque, à ne produire qu'une rétention biliaire temporaire; pour cela, j'ai fait mes ligatures au catgut résorbable. Cependant, quelques animaux ayant succombé à la rétention biliaire avant la résorption du catgut, j'ai eu l'idée de ne lier qu'une des branches du cholédoque. Ce procédé offre deux avantages : d'une part, il ne donne pas lieu à une rétention biliaire complète et permet d'éviter plus sûrement la mort trop rapide ; d'autre part, il fait de l'animal en expérience son propre témoin, le lobe dont le canal excréteur est lié ayant l'autre pour témoin.

Je me trouvais en présence de deux hypothèses pathogéniques, dont je demandais le contrôle à l'expérimentation.

1° La tuberculisation des voies biliaires se faisait-elle de dedans en dehors? auquel cas la tuberculose des voies biliaires ne serait autre chose qu'une véritable infection biliaire ascendante à bacilles de Koch.

2° La tuberculisation des voies biliaires se faisait-elle de dehors en dedans ? auquel cas les tubercules et cavernes biliaires seraient analogues aux nodules péribronchiques et aux cavernes pulmonaires.

J'ai, dans le but d'élucider ce problème, institué trois séries d'expériences :

1° *Tuberculisation directe des voies biliaires. Essais de reproduction expérimentale de l'infection biliaire ascendante à bacilles de Koch.*

La conclusion de cette série d'expériences est que l'*hypothèse d'une infection biliaire ascendante à bacilles de Koch ne saurait être admise,* qu'elle est *irréalisable expérimentalement,* A MOINS DE LIGA-

TURE DU CHOLÉDOQUE. Ce résultat était à prévoir, étant donné d'une part, l'absence de mobilité du bacille de Koch, d'autre part, l'intégrité longtemps persistante de l'épithélium du canal biliaire au sein des masses tuberculeuses péribiliaires. Ce n'est donc qu'à la condition d'une inflammation des voies biliaires, créée par la ligature du cholédoque, que la tuberculose généralisée des voies biliaires peut être reproduite expérimentalement par l'injection directe du bacille de Koch dans leur lumière.

2° *Tuberculisation générale sans traumatisme des voies biliaires.*

La conclusion de cette série d'expériences est que l'*injection de bacilles de Koch* dans le sang de la circulation générale, et *en particulier dans le sang du système porte*, peut suffire, *sans traumatisme aucun des voies biliaires, à provoquer le développement* DE TUBERCULES PÉRIBILIAIRES DISCRETS, *mais qu'elle ne saurait, à elle seule, provoquer l'apparition de la tuberculose confluente des voies biliaires.*

3° *Tuberculisation générale avec traumatisme des voies biliaires.*

Cette série d'expériences m'a amené à une conclusion définitive.

Une inflammation préalable ou concomitante des voies biliaires, créant un point d'appel, paraît indispensable pour la production expérimentale de la tuberculose CONFLUENTE *des voies biliaires.*

En résumé, je ne suis parvenu à reproduire la tuberculisation des voies biliaires qu'en créant, par la ligature du cholédoque, une inflammation de ces voies. Que la tuberculisation ait été déterminée par l'injection intraveineuse (3e série d'expériences), ou par l'injection directe dans le cholédoque (1re série d'expériences), peu importe; les conditions restent les mêmes, puisque dans l'un et l'autre cas, ainsi que je l'ai montré, le bacille arrive au foie par les voies vasculaires.

De l'ensemble de ces recherches, il résulte que : la tuberculose des voies biliaires n'existe pas, au sens d'angiocholite tuberculeuse proprement dite ou d'infection biliaire ascendante à bacilles de Koch ; qu'elle n'est pas non plus le produit d'une infection biliaire à microbes pyogènes, greffée sur une tuberculose péribiliaire ; qu'elle résulte bien plutôt d'une périangiocholite secondaire à une pyléphlébite tuberculeuse primitive ; que la thrombose tuberculeuse des branches de la veine porte, si elle peut suffire à elle seule à déterminer, de-ci de-là, l'apparition d'un tubercule biliaire, est insuffisante à créer la tuberculose généralisée des voies biliaires ; que, pour la pathogénie de celle-ci, il est de toute nécessité de faire intervenir l'existence d'une inflammation préalable ou concomitante des voies biliaires, créant un point d'appel et permettant la localisation, en quelque sorte systématique, de cette variété de tuberculose hépatique.

En dernière analyse, deux conditions doivent se trouver réunies pour la production de la tuberculose généralisée des voies biliaires :

1° D'une part, l'*apport du bacille par le sang de la veine porte* (existence presque constante des ulcérations de l'intestin chez l'homme) ;

2° D'autre part, une *inflammation préalable ou concomitante des voies biliaires, créant un point d'appel* (c'est à cette seule condition qu'elle a pu être reproduite expérimentalement).

II

ÉTUDES CLINIQUES SUR LA TUBERCULOSE

INTRODUCTION

Mes recherches sur la tuberculose ont eu pour origine la préparation de ma thèse sur la *Tuberculose des voies biliaires*, qui a nécessité de nombreux examens histologiques et bactériologiques et m'a, tout d'abord, familiarisé avec les caractères anatomo-pathologiques de la tuberculose. Peu après, je me suis attaché à l'étude de l'*Association de la syphilis et de la tuberculose* et, de cette étude, dont j'ai groupé les documents dans une monographie publiée en 1907 [1], datent mes premières observations cliniques sur la tuberculose. Deux idées ont constamment dirigé mes investigations ; ces deux idées directrices émanent précisément de mon enquête clinique sur l'association de la syphilis et de la tuberculose ; c'est, d'une part, *la nécessité de fixer les éléments du diagnostic de la tuberculose et de ne point la confondre avec les affections qui peuvent la simuler*, d'autre part, *l'importance de la notion de terrain dans la pathogénie et le mode d'évolution de la tuberculose.*

1. *Syphilis et tuberculose* (Masson, édit.).

Pour ce qui est de la syphilis et de la tuberculose tous les cliniciens connaissent la similitude frappante de leurs manifestations sur les divers tissus, organes et appareils ; pour ne parler que des os, des ganglions, de la peau, les caractères objectifs des lésions syphilitiques et tuberculeuses sont parfois identiques. La scrofule a longtemps englobé ces lésions de nature différente ; la syphilis héréditaire tardive les a dissociées ; les *formes scrofuloïdes de la syphilis* m'ont paru mériter une description spéciale. La ressemblance est d'autant plus frappante qu'il y a souvent association, *hybridité de lésion*, « scrofulate de vérole », comme disait Ricord. Mais, à côté de cette hybridité de lésions, il faut faire une place aussi à une *hybridité de terrain* qui est, pour le moins, aussi intéressante, quoique moins connue et moins apparente. Cette hybridité de terrain est de caractère humoral. C'est elle qui imprime à l'évolution de la tuberculose chez les syphilitiques une allure particulière, une tendance fibreuse. *La syphilis prépare le terrain pour la graine de la tuberculose ;* elle représente une des causes de prédisposition les plus importantes à la tuberculose ; et cette prédisposition est le fait de l'imprégnation humorale définitive de l'organisme par la syphilis, imprégnation qui n'est point seulement acquise mais peut être aussi héréditaire ; si bien que les enfants des syphilitiques sont des proies désignées pour la tuberculose. Par contre, si la syphilis prédispose à la tuberculose, elle favorise la tendance vers l'évolution fibreuse, sclérosante, c'est-à-dire vers la cicatrisation, vers la guérison. Si bien que j'ai pu insister sur la *valeur séméiologique de la tuberculose fibreuse dans la recherche de la syphilis*, constatation clinique qui a inspiré la thèse de mon élève Chabbert. C'est en raison de cette même notion de l'importance du terrain dans l'évolution de la tuberculose que je me suis attaché à montrer le bénéfice qu'on peut obtenir du traitement spécifique bien conduit chez les tuberculeux syphilitiques ; en modifiant le terrain sur lequel a germé la tuberculose on influence heureusement celle-ci.

La notion de terrain dans la pathogénie et l'évolution de la tuberculose a, à mon sens, une importance capitale ; elle n'exclut nullement le rôle étiologique de l'inoculation microbienne qui reste au premier plan mais qui ne peut, à elle seule, expliquer tout le mécanisme pathogénique. Elle s'accorde avec les conceptions actuelles sur la tuberculose « d'éclosion » : elle éclaire le mode d'action des diverses conditions occasionnelles qui favorisent, aux différents âges de la vie, le réveil d'une tuberculose contractée dans l'enfance et qui sommeille. J'ai exposé ces vues dans une série de mémoires et notamment dans les suivants : *Ce qu'il faut entendre par prétuberculose*, le *Rôle du terrain dans la tuberculose* et *Les éléments du pronostic dans la tuberculose pulmonaire*. Je me suis attaché à mettre en relief l'importance de la déminéralisation et, particulièrement, de la décalcification dans la préparation du terrain tuberculisable ; on en trouve un exemple frappant dans la *tuberculose gravidique* de même que dans les tuberculoses qui font éclosion à la suite *des entérites et entéro-colites prétuberculeuses*, traitées trop souvent par la médication lactique, si grandement décalcifiante ; on en constate une preuve dans les heureux effets de la *cure de recalcification* de Ferrier, dont j'ai précisé les résultats dans plusieurs mémoires et articles et que j'ai complétée par l'adjonction de l'opothérapie surrénale et, particulièrement de l'adrénaline, puissant fixateur des sels de chaux ; la valeur de ce *traitement surréno-calcique* en phtisiothérapie n'est plus à démontrer.

Le diagnostic de la tuberculose et, particulièrement, de la tuberculose pulmonaire, a fait depuis longtemps, de ma part, l'objet de recherches nombreuses et méthodiques, qui ont trouvé, ces temps derniers, leur complément et leur expression d'ensemble dans mes publications de guerre. Les fonctions militaires spéciales dont j'ai été chargé m'ont permis de réunir plus de quinze mille fiches de militaires tuberculeux ou prétendus tels. Cette vaste expérience m'a confirmé dans l'opinion que j'avais retirée de mes travaux antérieurs et que j'avais formulée dans un mémoire paru quelques jours avant la mobilisation : *Tendance de l'esprit médical actuel à étendre exagérément le domaine de la tuberculose. Critique des méthodes de diagnostic de la tuberculose.* — Ce titre est suffisamment explicite. Le diagnostic de la tuberculose est très simple ou très difficile ; très simple quand les signes physiques sont nombreux, manifestes, quand la présence du bacille est constatée dans l'expectoration : très difficile dans tous les autres cas. *Il ne peut et ne doit être que l'interprétation de l'ensemble des constatations fournies par les divers moyens et procédés d'exploration de l'appareil respiratoire.* Le demander uniquement à l'auscultation, le chercher seulement derrière l'écran radioscopique ou sous l'objectif du microscope est une erreur. Il n'est point davantage une simple affaire de localisation, il nécessite la *recherche de l'état d'activité ou de non-activité des lésions*, recherche qui ne peut être que le résultat de la constatation des signes fonctionnels et, surtout, des signes généraux, lesquels sont les indices révélateurs de l'état évolutif, tandis que les signes physiques ne sont que les témoins de la localisation.

La *localisation des signes physiques* a, d'ailleurs, une importance séméiologique sur laquelle j'ai, à maintes reprises, attiré l'attention. J'ai cherché à préciser le lieu d'élection des signes initiaux de la tuberculose pulmonaire et j'ai toujours enseigné qu'il fallait les chercher là où le sommet est le plus sûrement accessible, c'est-à-dire dans la partie interne de la fosse sus-épineuse. Mon ancien interne, Stephen Chauvet, a délimité plus étroitement ce lieu d'élection et lui a donné le nom imagé de « zone d'alarme », que j'ai adopté dans toutes mes publications. — Quand je dis *signes initiaux* je ne dis pas *lésions initiales*. Jamais je n'ai prétendu que la tuberculose, dont on constate les premiers signes, ou les signes les plus évidents, au sommet, chez l'adulte, a eu là son début ; je suis de plus en plus convaincu, par la documentation considérable que les observations de guerre m'ont apportée, que la tuberculose de l'adulte est un réveil d'une tuberculose de l'enfant, dont on peut retrouver les traces derrière l'écran radioscopique, à la base ou dans les régions ganglio-hilaires ; je suis de plus en plus convaincu que, dans la grande majorité des cas, les localisations apicales ne sont point isolées, qu'elles s'accompagnent le plus souvent de foyers plus ou moins discrets disséminés dans le reste des poumons ; que, parfois même, ces foyers sont plus apparents à l'écran que les localisations apicales ; mais, il n'en reste pas moins vrai que ces foyers ne sont pas toujours perceptibles par la percussion ni l'auscultation, qui, au contraire, décèlent aisément les lésions des sommets, si on prend soin de les chercher là où elles sont le plus sûrement constatables, c'est-à-dire dans la zone d'alarme.

Mais, encore, convient-il de préciser la qualité et la valeur de ces signes physiques et de ne point prendre pour signes de lésions parenchymateuses des signes de réaction inflammatoire, aiguë et active, ou chronique et cicatricielle, de la plèvre apicale ! J'ai isolé le syndrome de la *pleurite du sommet* (voir p. 87), caractérisé essentiellement par la triade symptomatique : inégalité pupillaire, adénite ou lymphangite nodulaire sus-claviculaire, frottements ou rugosités pleurales avec obscurité radioscopique laissant persister l'illumination par la toux. La notion de cette pleurite apicale et de ses caractères évolutifs, que mon élève, Mlle German, a étudiés dans sa thèse, a, de l'avis de tous, rendu les plus grands services dans l'armée. Elle a permis de redresser, dans les décisions médico-militaires, de fâcheuses erreurs et de conserver aux effectifs un grand nombre de soldats considérés à tort comme atteints de tuberculose en évolution. La pleurite du sommet est, certes, le plus souvent, symptomatique d'une tuberculose peu active, sinon éteinte ; mais, souvent aussi, elle est d'origine traumatique et on la constate avec une extrême fréquence chez un très grand nombre d'anciens blessés de poitrine, considérés à tort comme tuberculeux à cause de cette localisation des signes physiques.

Cette remarque me conduit à parler du *rôle du traumatisme dans la tuberculose pulmonaire*. De mes constatations, confirmées par presque tous mes collègues, il résulte que les blessures de poitrine ne deviennent qu'exceptionnellement le point de départ d'une tuberculose de la plèvre ou des poumons ; dans la majorité des cas où le diagnostic de tuberculose est porté, il est erroné et résulte de la similitude apparente de certains accidents éloignés des blessures de poitrine avec la tuberculose. Quand la tuberculose est certaine, elle n'est point imputable nécessairement à l'action directe du traumatisme, car on la voit survenir dans les mêmes conditions, chez des sujets blessés aux membres, qui se sont tuberculisés par un long séjour dans les hôpitaux. L'énorme expérience clinique que nous devons à la guerre a mis en lumière la fréquence des erreurs de diagnostic en matière de tuberculose, de même qu'elle a modifié quelques-unes de nos conceptions — et non des moindres — sur la valeur de certains signes physiques de la tuberculose. L'histoire des *fausses tuberculoses* s'est enrichie d'un vaste chapitre, auquel j'ai, pour ma part, apporté quelques exemples. A côté des *séquelles lointaines des plaies de poitrine* simulant la tuberculose, je veux surtout retenir les trachéo-bronchites tenaces des sujets atteints d'*affections chroniques du rhino-pharynx* ou, simplement, d'*imperméabilité nasale*. Bon nombre de *bronchites suspectes* n'ont pas d'autre origine. On trouvera un exposé détaillé de ces idées dans les mémoires intitulés : *Les étapes du diagnostic pratique de la tuberculose pulmonaire. Pages d'histoire médico-militaire* et *Les enseignements cliniques d'un centre de triage de militaires suspects de tuberculose.*

*
* *

Telles sont les directives générales de mes *Études cliniques sur la tuberculose.* Il me suffira, dès lors, de donner de chaque mémoire une analyse succincte.

I. — SYMPTOMATOLOGIE ET DIAGNOSTIC

A. — *Notions générales sur le diagnostic de la tuberculose.*

(Voir les nos *20, 21, 23, 39, 50, 54, 57, 59, 64, 67* et *68*.)

N° 20. — Intradermo-réaction à la tuberculine chez les adultes. Valeur diagnostique et pronostique. (En collaboration avec Pierre Pruvost.)

Nous nous sommes attachés tout d'abord à trouver une dilution de tuberculine donnant le maximum de réactions négatives, sans que cependant la réaction fût modifiée chez des malades nettement tuberculeux. Nous nous sommes ralliés à la dilution au millième de milligramme.

Nous avons ainsi reconnu que l'intradermo-réaction à la tuberculine ne possède de *valeur diagnostique* que si on considère les résultats négatifs, et que sa *valeur pronostique* a une importance bien plus grande : le degré d'intensité de la réaction est en raison directe du degré de résistance du malade.

Si on tient compte que 95 p. 100 environ des adultes réagissent à l'intradermo-réaction, on arrive à cette conclusion, paradoxale en apparence, que, dans les processus aigus, lorsque le diagnostic est hésitant entre la tuberculose aiguë, la fièvre typhoïde, un état septicémique quelconque n'influençant pas la réaction tuberculinique, une réaction négative doit faire conclure dans le sens de la tuberculose ; elle indique, en effet, que le sujet a perdu sa résistance, tandis que le typhoïdique, le septicémique, la conservant, réagit de façon positive.

N° 21. — Tuberculose pulmonaire et appendicite chronique.

Ce mémoire est une étude d'ensemble des relations de l'appendicite chronique et de la tuberculose pulmonaire. Ces relations se rangent sous deux chefs : d'une part, le rôle de l'entérite chronique, dont l'appendicite chronique n'est qu'une localisation, dans la pathogénie des réveils de tuberculose de l'adulte ; d'autre part, la fréquence de l'erreur de diagnostic qui consiste à prendre pour manifestations d'une tuberculose pulmonaire plus ou moins sournoise le retentissement d'une appendicite chronique sur l'état général et sur l'état fonctionnel du poumon.

Le premier chef rentre dans le chapitre « Pathogénie ». Le second seul trouve place ici. Il fit le sujet d'une importante étude de Faisans, parue au moment même où je classais mes documents ; il a été ensuite confirmé par Walther, Siredey, de Massary, Claisse. La difficulté du diagnostic est d'autant plus grande que, fort souvent, aux signes généraux (petite fièvre, amaigrissement, anémie, troubles dyspeptiques) s'ajoutent de la toux sèche, de la tendance à l'oppression et même des signes stéthoscopiques dont les plus fréquents sont ceux d'une congestion pulmonaire de la base droite.

En conclusion pratique, chez les « suspects de tuberculose » qui ne présentent pas de signes de certitude de localisation pulmonaire, l'appendicite chronique est l'une des affections auxquelles il faut songer tout d'abord ; un jour ou l'autre, l'examen révèle le point douloureux caractéristique ; l'intervention chirurgicale est, dès lors, indiquée ; avec elle disparaissent les accidents et s'évanouit la suspicion de tuberculose.

N° 23. — Tuberculose et syndrome solaire.

Il n'est pas rare de constater chez les tuberculeux le *syndrome solaire*, avec ses points douloureux, ses crises mucorrhéiques, ses crises paroxystiques avec vomissements et diarrhée, avec ses troubles sympathiques divers et même avec la mélanodermie. Lœper et Esmonet l'ont bien étudié. Je me suis attaché à en préciser certaines particularités.

Du point de vue clinique il faut éviter de le confondre avec l'appendicite chronique, avec l'entérite tuberculeuse, avec la mésentérite tuberculeuse.

Du point de vue pathogénique il faut songer à la tuberculose des capsules surrénales, à leur sclérose (si fréquente chez les tuberculeux) ; il faut savoir que le processus de *décalcification générale* de la tuberculose peut suffire à la faire naître, ainsi qu'il résulte des recherches de Lœper et Béchamp sur la faible teneur en chaux du tissu nerveux des tuberculeux ; on peut invoquer aussi la facilité avec laquelle les nerfs, et particulièrement les rameaux du sympathique, absorberaient les toxines, ainsi qu'il résulte d'expériences de Guillain et Guy Laroche.

Ces considérations dictent la conduite thérapeutique (traitement surréno-calcique, etc...).

N° 39. — Tuberculose et érythème noueux.

Dans ce travail, j'ai groupé quelques observations qui viennent à l'appui de la valeur séméiologique de l'érythème noueux dans le diagnostic de la tuberculose, ainsi que Landouzy le soutenait.

N° 50. — Tendance de l'esprit médical actuel à étendre exagérément le domaine de la tuberculose. — Critique des méthodes de diagnostic de la tuberculose.

Ainsi que l'indique clairement son titre fort explicite, ce travail a voulu tenter une réaction contre un entraînement excessif qui, dans ces dernières années, ne tendait à rien moins qu'à faire englober par la tuberculose presque toute la pathologie acquise et héréditaire. Je me félicite de constater que la grande documentation de la guerre a donné à ma tentative une confirmation éclatante.

Pour étayer mes critiques sur des bases précises et solides, je commence par rappeler, dans une rapide esquisse, les étapes franchies par la phtisiologie et par « fixer le point que nous avons atteint sur la route de la vérité ».

La caractéristique histologique de la tuberculose est le *follicule* et ce follicule est le produit de la réaction inflammatoire vis-à-vis du germe envahisseur : mais cette réaction inflammatoire folliculaire n'est point spécifique ; l'histoire des *pseudo-tuberculoses* est là pour le prouver ; ce qui fait la spécificité de cette réaction inflammatoire c'est la présence du bacille de Koch. A la *spécificité histologique* du début est venue se substituer la *spécificité microbienne*.

Cependant, à côté de cette *tuberculose pulmonaire typique*, doivent prendre place toute une série de manifestations *atypiques*, tant cliniquement qu'histologiquement.

Certes, ces idées sont grosses de vérités ; mais elles sont grosses aussi de dangers. Séduisantes par la notion qu'elles soulèvent d'une sorte de *paratuberculose* qui serait l'homologue de la *parasyphilis*, elles ne sont, pour une bonne part, que de simples hypothèses dont la plus hardie, sinon la plus inexacte, est la *tuberculose inflammatoire* de Poncet, exagération et généralisation excessive de constatations justes.

Aussi bien est-il sage de réagir contre ces tendances en faisant la critique de la valeur des éléments d'interprétation et des méthodes d'examen dont nous disposons actuellement pour le diagnostic de la tuberculose, tant au lit du malade qu'au laboratoire. Or, les constatations sur lesquelles doit être basée l'affirmation de la nature tuberculeuse, dans un cas donné, peuvent être rangées sous quatre catégories : *l'examen clinique au lit du malade; l'examen chimique et microscopique; l'étude des réactions spécifiques générales; la recherche directe du bacille.* Après avoir fait un exposé critique détaillé des diverses méthodes et procédés d'examen appartenant à chacune de ces catégories, j'arrive aux conclusions suivantes :

1° *Pour affirmer la nature tuberculeuse d'une lésion, il faut constater, dans le tissu suspect, la présence du bacille de Koch, accompagnée de réactions inflammatoires plus ou moins typiques ou atypiques.*

2° *La constatation de réactions générales humorales, même spécifiques, de bacilles circulants, de lésions inflammatoires sans bacilles, ne saurait suffire.*

3° *Toutes les lésions, tous les symptômes, tous les syndromes qu'on observe chez les tuberculeux ne sont pas fatalement d'origine ni de nature bacillaire.*

4° *La tuberculose est tellement fréquente* (95 *p.* 100 *des adultes environ, d'après les tuberculino-réactions*) *qu'on risquerait de lui rattacher toutes les maladies, si on se contentait de la réponse des réactions humorales spécifiques du terrain au lieu d'exiger celles des réactions locales du bacille.*

PUBLICATIONS DE GUERRE

N° 54. — Histoire suggestive de quelques faux tuberculeux. — Diagnostic de la tuberculose pulmonaire et des affections des voies respiratoires supérieures.

Dans ce travail, l'un des premiers de ma série sur la tuberculose de guerre et de la campagne que j'ai entreprise contre le danger menaçant de la tuberculophobie, je me suis attaché, comme Rist le faisait dans le même moment, à établir la nécessité de n'admettre la tuberculose que si un examen complet en démontrait l'existence et permettait d'écarter les causes d'erreur les plus communes.

Parmi ces dernières, il faut faire une place à part, et très large, aux lésions et aux obstructions des voies respiratoires supérieures et, particulièrement, du nez et du rhino-pharynx. Ces lésions favorisent et entretiennent, surtout chez les soldats du front, exposés à l'humidité et aux intempéries, la trachéo-bronchite tenace, à poussées subaiguës, successives et récidivantes, *la bronchite des pieds humides et des nez bouchés*, comme je la désigne communément dans mon service spécial de triage. Cette trachéo-bronchite spéciale fournit un contingent considérable de ces *faux tuberculeux*, qui, sous la dénomination de *suspects de tuberculose*, encombrent les centres de triage et même les hôpitaux militaires.

N° 57. — **Les enseignements cliniques d'un centre de triage de militaires suspects de tuberculose.** (En collaboration avec Gabriel Delamare.)

Ce travail est le résultat de l'examen de 600 militaires envoyés dans notre centre de triage comme tuberculeux ou suspects de tuberculose. Après observation clinique complète (examens stéthoscopiques répétés, examens radioscopiques et radiographiques, examens bactériologiques, cuti-réactions à la tuberculine, étude méthodique des courbes de poids et de température, de la tension artérielle et du pouls), nous avons trouvé :

83 cracheurs de bacilles;

89 non tuberculeux;

428 suspects.

Les *89 non tuberculeux* contiennent tous les types possibles de *faux tuberculeux*, pour ne pas dire d'erreurs de diagnostic.

Quant aux *428 suspects*, ils se rangent en deux catégories: *216 malades en évolution* et *212 cicatrisés*. Pour faire cette distinction, nous nous sommes basés surtout sur l'appréciation de l'état général du sujet, la constatation des signes physiques (stéthoscopiques et radiologiques) n'ayant qu'une valeur de localisation.

Si aux 212 cicatrisés de cette série nous ajoutons les 89 faux tuberculeux, nous obtenons le chiffre imposant de *301 militaires exempts de tuberculose en activité*, c'est-à-dire à peu près exactement *50 p. 100*.

Cette constatation établit d'une façon éclatante l'utilité des centres de triage dont j'avais demandé la création dès les premiers mois de la guerre; sans ces centres de mise en observation, il est plus que probable que ces 50 p. 100 récupérés auraient été ou réformés ou indéfiniment mis en congé, comme nous en avons vu de trop nombreux exemples.

Dans notre interprétation de la nature des signes physiques, nous avons pu vérifier l'importance des services rendus par la notion de la *pleurite du sommet* (voir p. 87), sur laquelle j'avais précédemment attiré l'attention.

Ces conclusions furent d'abord accueillies avec réserve et scepticisme; car le dogme des ravages de la tuberculose de guerre sévissait à ce moment dans toute sa rigidité et semait dans le corps médical, et même ailleurs, la tuberculophobie. Mais, bientôt, les statistiques de certains grands centres de triage apportèrent à nos vues des confirmations nombreuses.

Aujourd'hui, elles sont admises sans conteste, et elles ont permis au Sous-Secrétaire d'Etat de rassurer l'opinion publique et les pouvoirs publics, justement émus par certaines campagnes qui représentaient la France, dans les pays alliés, comme un foyer contaminé.

N° 59. — Les « suspects de tuberculose ».

Ce travail fait suite aux précédents. Je m'élève contre ces diagnostics « bronchite suspecte », « suspects de tuberculose », répandus à profusion sur les bulletins d'hôpital des militaires tuberculeux ou soi-disant tuberculeux.

On peut admettre que, pour un sujet mis en observation, le bulletin d'entrée à l'hôpital porte cette mention, mais on ne peut comprendre que le même diagnostic figure, dans les mêmes termes, sur la fiche de sortie. Un suspect qui sort de l'hôpital n'est plus un suspect; il doit être, après observation, reconnu tuberculeux ou non tuberculeux. La dénomination « suspect de tuberculose » est une sorte de reflet de la tuberculophobie; elle propage une erreur clinique et doit être rayée de la nomenclature médico-militaire; elle contient en elle la peur de la responsabilité; elle constate un aveu d'ignorance et d'impuissance à prendre une décision.

Si on examine attentivement les sujets pour lesquels une telle fiche a été établie, on constate que, pour tous, un diagnostic précis pourrait être posé et que, dans le plus grand nombre des cas, ce diagnostic n'était pas celui de tuberculose.

D'une façon générale, les « suspects de tuberculose » se classent en deux groupes : 1° ceux qui sont des tuberculeux éteints, si j'ose dire, en tout cas anciens, non en évolution; 2° ceux qui ne sont pas tuberculeux ; ce sont les plus nombreux.

J'étudie ces deux groupes, montrant que le premier renferme surtout les sujets à sommets scléreux, à plèvre apicale épaissie, adhésive, et que le second contient tous les états cliniques qui, par *l'atteinte de l'état général* (amaigrissement, anémie, troubles dyspeptiques, hypotonie, fièvre...), par *certains troubles fonctionnels respiratoires* (oppression, toux avec expectoration sanguinolente de certains cardiaques et brightiques), par *certains troubles cardiaques* (palpitations, tachycardie du syndrome de Basedow), par *certains symptômes physiques* (trachéo-bronchites tenaces des rhino-pharyngites chroniques, des intoxications par les gaz asphyxiants) orientent vers le diagnostic de tuberculose un médecin superficiel ou tuberculophobe.

N° 64. — Les étapes du diagnostic pratique de la tuberculose pulmonaire. — Pages d'histoire médico-militaire.

Dans cet article j'ai condensé le résultat de mon expérience de la tuberculose de guerre et réuni toute mon argumentation contre la tuberculophobie et contre l'erreur administrative qui maintient aux commissions de réforme, siégeant hâtivement et dans le bruit, le droit souverain de casser la décision clinique formulée par un centre de triage dont l'administration a cependant elle-même reconnu la nécessité et l'utilité en décrétant sa création.

Le diagnostic de la tuberculose pulmonaire ne peut et ne doit être que l'interprétation de l'ensemble des constatations fournies par les divers moyens et procédés d'exploration de l'appareil respiratoire.

Cela est une banalité pour tous ceux qui ont la plus élémentaire notion de la phtisiologie moderne. Cette banalité n'est, d'ailleurs, dans l'espèce, que l'adaptation d'une loi générale à un cas particulier ; il n'y a pas en pathologie un seul symptôme véritablement pathognomonique; un symptôme n'a que la valeur d'un indice révélateur ; pour poser un diagnostic, il faut la réunion de plusieurs symptômes, dont le faisceau constitue une présomption d'autant plus forte qu'il est plus serré et plus touffu ; encore la certitude clinique n'existe-t-elle point ; un diagnostic ne peut être qu'une approximation ; tous nos efforts doivent tendre à rendre cette approximation aussi voisine que possible de la certitude ; pour ce faire, il nous faut une technique sûre et une séméiologie impeccable.

La meilleure manière d'exposer les moyens et les règles du diagnostic de la tuberculose est de préciser la façon avec laquelle ils sont appliqués dans un centre de triage bien dirigé. Ainsi se succèdent les *étapes du diagnostic pratique de la tuberculose*, depuis le moment où le sujet se présente comme « suspect » jusqu'au jour où il quitte le centre, non plus suspect, mais reconnu tuberculeux ou non tuberculeux.

Ceci posé, je passe en revue ces étapes du diagnostic en montrant le crédit qu'il faut faire à chacune.

J'insiste tout d'abord sur l'importance de l'*interrogatoire* et sur la nécessité de faire préciser au sujet ce qu'il entend par hémoptysie, transpirations, fièvre, etc...

Ensuite, je montre les renseignements que l'enquête clinique doit tirer de l'emploi systématique des procédés d'exploration qui, seuls, peuvent fournir les éléments d'information indispensables en même temps que suffisants, à savoir :

1° *L'examen du rhino-pharynx et du larynx.* (Voir n° 54.)

2° *La recherche méthodique des signes physiques, tant stéthoscopiques que radiologiques.* (Voir le chapitre : diagnostic de localisation.) Ici, ne pas perdre de vue les trois grands principes suivants :

a) Les signes physiques localisent une lésion ;

b) Les signes physiques n'indiquent point la nature d'une lésion ;

c) Les signes physiques ne renseignent pas sur le stade évolutif d'une lésion.

3° *L'examen des crachats.* Cet examen doit être répété plusieurs fois; l'homogénéisation doit être employée quand les premiers résultats sont négatifs.

4° *La détermination de la valeur fonctionnelle de l'appareil respiratoire* (spirométrie, indice respiratoire...)

5° *L'interprétation de l'état d'activité ou de non-activité d'une lésion nettement constatée, par la discussion de la valeur des signes fonctionnels et généraux notés pendant la mise en observation.* Les principaux éléments de cette interprétation sont la courbe de poids, la courbe de température, l'état des fonctions digestives, les caractères du pouls et de la tension artérielle, le degré de la cuti-réaction à la tuberculine.

C'est dans la confrontation des résultats de ces divers examens que le clinicien trouvera la réponse aux deux questions posées : Le sujet est-il tuberculeux ou non ? S'il est tuberculeux, est-il en activité ou non ?

N° 67. — A propos du triage des tuberculeux aux armées.

Cet article est une mise au point des résultats statistiques et cliniques généraux de mon expérience personnelle, portant sur un total d'environ 15.000 fiches. Il m'a été inspiré par l'opportunité de répondre à une interprétation inexacte des résultats de ma campagne contre la tuberculophobie. Certains répandaient l'idée que, à croire les auteurs qui, comme moi, menaient cette lutte, la tuberculose serait devenue une exception, une sorte de mythe.

Ce que j'ai dit et ce que je soutiens, avec Rist, avec bon nombre d'observateurs impartiaux, c'est qu'il y a danger à se laisser emporter par un courant facile et à diagnostiquer la tuberculose sans autre raison qu'une simple présomption.

Certes, les *faux tuberculeux* sont légion, surtout dans les circonstances d'observation médico-militaire actuelles, et, ainsi que je l'ai signalé dans mon rapport au sous-secrétariat d'Etat du service de santé, j'ai même vu augmenter leur nombre, fort notablement, depuis mon mémoire écrit avec Delamare ; de 15 p. 100, ils sont devenus 35 p. 100, résultat manifeste de la tuberculophobie.

Mais, à côté de ces faux tuberculeux, il y a les *vrais tuberculeux méconnus*. Cette catégorie est fournie par le groupe des tuberculeux chez lesquels manque le criterium diagnostic : le bacille dans les crachats. On sait que Rist exige ce critérium. Je crois que cet absolutisme est excessif. Il est des malades qui ne crachent pas de bacilles actuellement, mais qui en ont craché antérieurement ou qui en cracheront ultérieurement. Ce qui est certain, c'est que cette catégorie de malades contient le germe des divergences de diagnostic les plus grandes et que ces divergences ont pour conséquences les interprétations les plus variables au point de vue de la décision médico-militaire.

N° 68. — Sur la difficulté d'apprécier si une tuberculose pulmonaire confirmée est en évolution active ou non.

Dans ce travail, je condense les éléments d'information que doit chercher le clinicien pour apprécier l'état d'activité ou de non-activité d'une tuberculose pulmonaire confirmée. Je m'attache à montrer combien l'enquête est délicate et avec quelle prudence il convient d'en enregistrer les résultats. Ces réflexions ont une importance capitale dans la pratique médico-militaire et dans les décisions qu'elle comporte. Cette étude se confond étroitement avec celle des *Eléments du pronostic dans la tuberculose pulmonaire*, à laquelle j'ai consacré une série de conférences avant la guerre (voir p. 117) et dont la documentation de guerre n'a fait qu'accentuer les conclusions, ainsi que l'indique l'analyse que je viens de donner de mes publications de guerre sur la tuberculose.

B. — *Recherche des signes physiques de la tuberculose pulmonaire. Diagnostic de localisation.*

(Voir les nos *22*, *24*, *26*, *31*, *40*, *44*, *48*, *49*, *55* et *61*.)

L'exploration du sommet du poumon.

(Nos *24*, *31*, *40*, *49*.)

J'ai toujours été frappé par la fréquence de l'apparition initiale et de la prédominance des signes physiques de la tuberculose dans la fosse sus-épineuse. Depuis que j'ai des élèves, je leur ai toujours enseigné à explorer le sommet, surtout en arrière, contrairement à l'habitude qu'ils ont, en général, de l'explorer en avant. C'est ainsi que Stéphen Chauvet a été conduit, au cours de l'année qu'il fut mon interne, à préciser la valeur séméiologique d'une région très limitée de la partie tout à fait interne de la fosse sus-épineuse, à laquelle il donna, sur mon conseil, le nom de *zone d'alarme*[1].

C'est là, ainsi que j'ai pu m'en convaincre par de multiples contrôles, qu'il faut chercher les premiers signes de la tuberculisation des sommets ; c'est là qu'on les trouve le plus souvent, et, cela, parce que cette région correspond précisément à la partie la plus accessible à une exploration complète, en raison des dispositions anatomiques qui favorisent, mieux que partout ailleurs, la transmission des sons et facilitent l'examen.

Quelle est donc exactement la zone d'alarme de Chauvet ?

Elle correspond à la partie tout à fait interne de la fosse sus-épineuse et confine par en bas à l'espace interscapulo-vertébral. Pour la délimiter on procède de la façon suivante : du milieu de l'espace qui

1. Stéphen Chauvet. Séméiotique de la fosse sus-épineuse. Zone d'alarme dans la tuberculose. *Presse Médicale*, 4 novembre 1908.

sépare l'apophyse épineuse de la 7e cervicale de celle de la 1re dorsale on tire une ligne jusqu'au tubercule saillant sur l'épine de l'omoplate et dénommé par Poirier tubercule du trapèze; sur le milieu de cette ligne, pris comme centre, on décrit une circonférence du diamètre d'une pièce de cinq francs; cette circonférence circonscrit la zone d'alarme (indiquée par un cercle noir sur la figure 4).

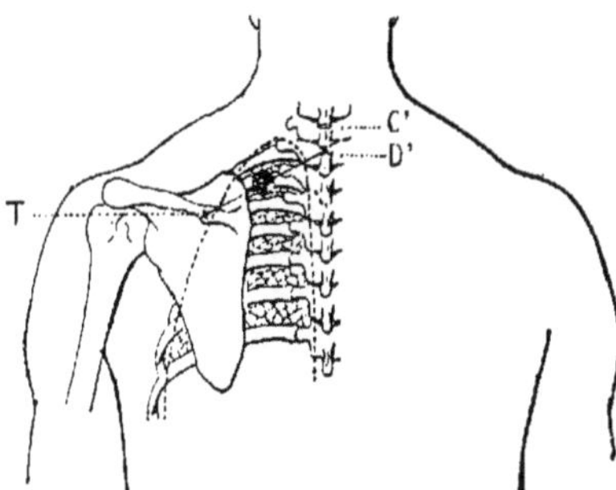

Fig. 4. — Projection de la zone d'alarme (due à Chauvet).

C7, septième cervicale. — T, tubercule du trapèze. D1, première dorsale.

Il suffit de jeter un regard sur la radiographie et sur les figures ci-jointes pour constater que cette zone répond exactement au sommet du poumon. La radiographie montre nettement qu'un point de repère métallique, fixé au centre de la zone d'alarme, se projette dans le dôme même du poumon et qu'il correspond en arrière à la partie *tout à fait interne de la fosse sus-épineuse* et, en avant, à la partie *tout à fait interne du creux sus-claviculaire*, à *une hauteur notable au-dessus de la clavicule.*

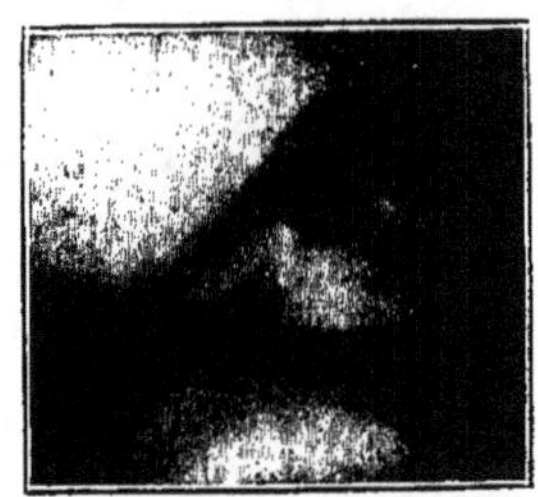
Fig. 5. — Projection du sommet (radiographie). Position ventrale.

Ces figures, qui ont été prises sur un malade dont la cage thoracique pouvait être considérée comme normalement construite, montrent combien est grande l'erreur de ceux qui prétendent ausculter ou percuter le sommet, lorsqu'ils auscultent ou percutent le creux sous-claviculaire ou les parties moyenne ou externe de la fosse sus-épineuse. Elles établissent que l'exploration du sommet, en arrière comme en avant, doit être faite *tout à fait en dedans* (zone d'alarme et fossette sterno-cléido-mastoïdienne) et *beaucoup plus haut* qu'on en a coutume.

A cet égard, elles précisent les données que nous devons aux anatomistes sur la hauteur de projection du sommet sur la paroi et montrent que celui-ci déborde la clavicule de 4 à 5 centimètres, comme le veulent

Cruveilhier et Richet, et non pas seulement de 1 à 2 centimètres, comme le veulent Sappey et Poirier.

Elles prouvent, sans contestation possible, que, si on ausculte ou percute sous la clavicule, ce n'est pas le sommet qu'on ausculte ou percute, mais bien la partie moyenne du lobe supérieur.

Fig. 6. — Topographie postérieure du thorax.

1 Fosse sus-épineuse interne. — 2. Fosses sus-épineuses moyenne et externe. — 3. Espace inter-scapulo-vertébral. — 4. Fosse sous-épineuse et région axillaire postérieure. — 5. Région de la base. — 6. Milieu de l'espace qui sépare l'apophyse épineuse de la 7e cervicale de celle de la 1re dorsale. — 7. Zone d'alarme de Stephen Chauvet. — 8. Tubercule interne du trapèze. — 9. Scissure inter-lobaire. — 10. 10e côte. — 11. 11e côte.

Ainsi, à mon sens, se trouve établie l'indéniable supériorité de la région sus-claviculaire interne et de la région sus-épineuse interne sur les autres régions, dans la recherche des signes physiques de la tuberculose au début.

Des raisons d'ordre physique, relatives à la transmission des sons, plaident dans le même sens; dans la partie tout à fait interne de la fosse sus-épineuse, l'épaisseur des parties molles est réduite au minimum et représentée presque exclusivement par le trapèze ; bien plus, si on prend soin d'imposer au malade une attitude de détente complète destinée à éviter la contracture des muscles périscapulaires et consistant simplement à lui faire prendre la position classique, les épaules tombantes, les avant-bras posés sur les cuisses, on réalise les conditions les plus favorables à la conductibilité des sons, l'élasticité du plan costo-musculaire demeurant parfaite. Ajoutons que, si la percussion et la palpation du creux sus-claviculaire peuvent être pratiquées sans difficulté, l'auscultation immédiate y est presque impossible et doit céder la place à l'auscultation médiate à l'aide du stéthoscope. Sans doute, ce n'est là qu'une objection de faible importance, encore qu'il soit nécessaire de convenir qu'elle s'appuie sur la nécessité d'une éducation spéciale, en raison de la modification des bruits pulmonaires par le stéthoscope. Notons, en outre, que, dans cette région, le bruit trachéal voisin et les bruits vasculaires possibles concourent à rendre assez délicate l'interprétation des signes fournis par l'auscultation. Ces réserves faites, je reconnais avec Courtellemont (*La Clinique*, 1er novembre 1907) qu'il est regrettable de constater combien l'exploration sus-claviculaire est tombée en désuétude, alors qu'elle peut donner des résultats si précieux, ainsi que l'ont rappelé tout récemment encore, ici même, Ramond, Rist et Lemoine (*Soc. méd. des Hôpit.*, 15 avril 1910).

Grancher, qui accordait ses préférences à la région sous-claviculaire, reconnaît qu'on entend quelquefois les premiers craquements dans la fosse sus-épineuse ; il ajoute, il est vrai, que « les signes les plus délicats de la période de germination y sont mal perçus, à cause de l'épaisseur des masses musculaires qui séparent l'oreille du poumon ». A cette restriction, je ne puis que souscrire lorsqu'il s'agit des zones moyenne et externe de la fosse sus-épineuse.

Mais j'estime qu'il convient, comme l'a déjà montré Letulle dans une série d'articles de la *Presse médicale* (novembre et décembre 1915) de distinguer trois zones dans la fosse sus-épineuse : zone externe, zone moyenne, zone interne, et j'ajoute que c'est à la partie tout à fait interne de cette zone interne, dénommée par certains, et notamment par Kuss, « isthme du poumon », qu'il faut accorder la préférence, c'est-à-dire à la zone d'alarme de Chauvet. C'est là que l'on trouve les renseignements les plus précoces et les plus complets, ainsi que j'ai pu m'en assurer sur plusieurs centaines de malades. Sur cent fiches, prises au hasard, je relève les constatations suivantes : 68 *fois* les premiers signes sont notés dans la zone d'alarme, 16 *fois* dans le creux sous-claviculaire, 16 *fois* dans ces deux régions en même temps ; par conséquent, dans plus des 3/4 des cas, la zone d'alarme est le siège des premiers signes physiques.

Bien plus, ce ne sont pas seulement les premiers signes, les simples modifications initiales du murmure vésiculaire, qu'on trouve dans cette zone, ce sont aussi les signes plus complets, plus nombreux, des périodes plus avancées, qui y prédominent tout d'abord, ainsi qu'on peut s'en assurer si on suit les malades un temps suffisant. Il m'est arrivé bien souvent de trouver dans la zone d'alarme de petits foyers de ramollissement, de petites cavernules, tout à fait isolés et limités, tels qu'on en trouve si souvent aux autopsies et qui auraient complètement échappé à mon investigation si j'avais exploré seulement le creux sous-claviculaire et la partie moyenne de la fosse sus-épineuse. J'ai fait si souvent de telles constatations que ma conviction est, aujourd'hui, fermement établie.

Ces constatations m'ont conduit à admettre que la tuberculose est plus fréquente au sommet droit qu'au sommet gauche, que, tout au moins, elle débute plus souvent par le sommet droit que par le gauche. Sur 100 fiches, prises au hasard, je note le sommet droit 56 *fois*, le sommet gauche 28 *fois*, les deux sommets 16 *fois*, ce qui fait près des 2/3 des cas pour le sommet droit.

Or, les opinions, sur ce point, sont partagées ; alors que Laënnec, Fournet... admettent la prédominance du sommet droit, Grancher, Marfan, Morgagni, Louis, Andral se prononcent en faveur du sommet gauche. Je pense que, à cet égard, l'exploration de la zone d'alarme est importante ; je n'ignore point qu'il est fréquent de noter au sommet droit, à l'état physiologique, — sauf chez les gauchers, — un son plus obscur, des vibrations vocales plus fortes, une respiration moins moelleuse, parfois même une tendance à la bronchophonie, et je sais que Grancher n'accordait une réelle valeur à ces signes que lorsqu'ils siégeaient au côté gauche. Toutefois, j'estime que les résultats fournis par une exploration méthodique de la zone d'alarme *à toutes les périodes de la tuberculose* sont tellement concordants qu'ils sont de nature à modifier quelque peu l'absolutisme de cette formule, et je conclus en insistant sur la valeur des indices que fournit cette exploration et sur la signification réelle de la dénomination que Chauvet a si justement donnée à cette zone.

*
* *

On remarquera que, dans toute cette première partie de mes recherches sur le lieu d'élection de l'exploration du sommet, j'ai parlé des *premiers signes physiques* et nullement *des premières lésions* du poumon. A la suite d'objections qui furent présentées par Rist, Ribadeau-Dumas, je précisai soigneusement cette considération. Je fis remarquer que je ne faisais aucune confusion entre les *signes physiques initiaux* et les *lésions initiales* de la tuberculose ; que, d'ailleurs, ces auteurs avaient basé leurs réflexions sur des constatations recueillies *chez l'enfant* et que j'avais envisagé la tuberculose pulmonaire *chronique de l'adulte*. J'insistai, d'autre part, sur cette autre donnée, à savoir que l'importance des constatations radiologiques ne pouvait être méconnue, mais que, en matière de signes physiques initiaux, c'est-à-dire de signes traduisant des lésions encore peu profondes, l'examen stéthoscopique devait avoir la préférence, car il pouvait déceler des signes de localisation que l'examen radioscopique, ou même radiographique, ne pouvait percevoir. Enfin, reconnaissant que la tnberculose de l'adulte nous apparaissait aujourd'hui comme un réveil d'une tuberculose de l'enfance, je n'en conservai pas moins l'opinion que ce réveil prenait ses localisations au sommet et que la loi de Louis gardait, *chez l'adulte*, dans la *tuberculose pulmonaire chronique*, *commune*, toute sa valeur.

*
* *

Toutefois, les localisations de la tuberculose, même dans ses formes chroniques, sont loin de se cantonner au sommet. Aucun médecin ayant quelque pratique de la phtisiologie ne s'étonne plus de constater l'extrême fréquence et souvent la prédominance, sinon l'exclusivisme, des foyers de la base, et surtout des régions moyennes et parahilaires. Tous sont familiarisés avec la constatation par les rayons X de foyers nodulaires, disposés en chaînettes, en rangées de boutons, le long des parties internes du lobe inférieur, entre le hile et la base ; ils connaissent les localisations périscissurales, les interlobites, si bien étudiées par Sabourin et que l'auscultation de la région axillaire fait si souvent découvrir, avant même toute exploration radioscopique.

*
* *

Il n'en reste pas moins vrai que, dans la pratique, chez l'adulte, c'est au sommet qu'il faut chercher tout d'abord la tuberculose. Mais, si on veut que l'exploration soit probante, il convient de la diriger suivant une technique sûre et en la faisant porter là surtout où elle a le plus de chance d'aboutir, c'est-à-dire dans la zone d'alarme. Encore convient-il d'éviter les *causes d'erreur* provenant d'une interprétation inexacte des modifications du murmure vésiculaire et des bruits adventices. Il y a des sujets qui ne savent pas respirer, qui respirent bruyamment, qui ont une respiration saccadée due à leur émotivité. Il en est chez lesquels la diminution du murmure vésiculaire est le résultat d'une insuffisance respiratoire, d'une sclérose apicale ; il en est chez lesquels la rudesse respiratoire est le résultat de l'obstruction nasale, de la rhino-pharyngite chronique, d'un reliquat de trachéo-bronchite. Le souffle respiratoire n'est souvent que la transmission au sommet d'un souffle hilaire de compression médiastinale. Certaines crépitations ne sont, parfois, que des bruits de déplissement que l'inspiration fait naître après la toux dans un sommet plus ou moins atélectasié.

Enfin, certaines rugosités pleurales, conséquences de la pleurite apicale, donnent le change et font songer à l'infiltration parenchymateuse.

*
* *

Aussi bien, l'exploration du sommet, pour conduire à une interprétation exacte des signes physiques, doit-elle confronter les résultats des divers procédés d'examen physique : la percussion, la palpation, l'auscultation, l'examen radioscopique.

Et encore ne fournira-t-elle qu'un diagnostic de localisation et nullement un diagnostic de nature ni de caractère évolutif.

La pleurite apicale.

(N°s 55 et 61.)

Si on admet, avec Naegeli, que 95 p. 100 au moins des adultes réagissent à la tuberculose et ont été, par conséquent, tuberculisés, la question n'est pas de savoir si un adulte est tuberculeux, puisqu'ils le sont tous, ou à peu près, mais si, dans le moment présent, sa tuberculose est en activité ou au repos.

Il convient donc de préciser tous les éléments du diagnostic de la tuberculose et de chercher, parmi ces éléments, ceux qui peuvent apporter une indication sur l'état actuel de l'évolution de la maladie en même temps qu'une explication des erreurs trop fréquemment commises dans l'interprétation des symptômes.

C'est en partant de cette idée que j'ai été amené à attirer l'attention sur la pleurite du sommet chez les tuberculeux adultes.

Après avoir rappelé les notions d'anatomie pathologique classiques sur la fréquence des adhérences des sommets constatées à l'autopsie, je me suis attaché à isoler les caractères cliniques de cette localisation pleurale.

Bon nombre de sujets se plaignent de souffrir des sommets thoraciques : chez eux l'examen stéthoscopique décèle, dans ces sommets, la présence de bruits respiratoires anormaux et l'examen radioscopique montre des modifications plus ou moins accentuées de l'image normale et de l'illumination par la toux, sans autre signe appréciable, si ce n'est la présence de ganglions hilaires, souvent crétacés, ou de nodules inclus dans le lobe inférieur et décelables seulement par les rayons X.

Chez ces sujets, la recherche des signes physiques donne des résultats qui varient avec le stade évolutif de la pleurite. Cette pleurite apicale s'accompagne très fréquemment de deux signes objectifs d'une constatation aisée et auxquels j'accorde une très grande importance : *l'inégalité pupillaire* (voir n° 22) et *l'adénite sus-claviculaire ;* ces deux signes varient eux-mêmes avec le stade évolutif de la pleurite. Du premier j'avais donné une étude complète dans un mémoire antérieur (voir page 124). Du second, j'ai indiqué dans le présent mémoire les caractères anatomo-cliniques ; j'ai montré que cette adénite, voisine de l'adénite décrite par Troisier dans le cancer de l'estomac, et incidemment signalée dans un travail de Marfan, était l'aboutissement d'une inflammation des lymphatiques néoformés des adhérences pleurales (Souligoux, Cunéo, Poirier) et qu'elle était parfois remplacée par une *tronculite nodulaire* sus-claviculaire ; qu'enfin le siège exact de cette adénite pouvait être localisé dans l'angle de la clavicule et du bord externe du sterno-cléido-mastoïdien.

J'ai montré qu'il était possible d'assister au développement de cette adénite pendant l'évolution de la pleurésie séro-fibrineuse aiguë et d'en constater la présence définitive, longtemps après la guérison, sous la forme d'un petit nodule induré.

La pleurite apicale, qui accompagne toujours les lésions parenchymateuses du sommet, est surtout intéressante lorsqu'elle constitue la manifestation prédominante ; c'est celle-ci surtout que j'ai eu en vue.

Elle se présente sous des aspects variables, tant en intensité qu'en étendue ; elle suit toute une gamme inflammatoire, depuis l'irritation pleurale légère et superficielle jusqu'à la symphyse épaisse, en coque rigide, cicatricielle. Cette évolution ne se fait point sur un mode continu, mais par poussées aiguës ou subaiguës, successives.

Lorsqu'il se rencontre au complet le syndrome de la pleurite apicale est constitué par les principaux signes suivants :

1° La diminution ou l'abolition des vibrations vocales ;

2° La submatité ou la matité ;

3° L'abolition ou la diminution du murmure vésiculaire, s'accompagnant parfois de respiration saccadée ;

4° Les frottements ou la simple respiration rugueuse ;

5° La modification de transparence aux rayons X ;

6° L'inégalité pupillaire ;

7° L'adénite ou la tronculite sus-claviculaire ;

8° La scalpulalgie.

D'une façon générale l'évolution de la pleurite peut être résumée en trois phases :

a) Une première phase, de début, essentiellement stéthoscopique et fonctionnelle, sans signes radioscopiques, phase des rugosités pleurales et de la mydriase homologue, correspondant à une très légère réaction pleurale.

b) Une seconde phase, qui se manifeste par des symptômes plus nombreux et, particulièrement, par le début des signes radioscopiques. Aux signes de la phase précédente s'ajoutent la diminution du murmure vésiculaire, le léger voile radioscopique, l'adénite sus-claviculaire.

c) Une dernière phase, phase de symphyse ; les frottements ont disparu ; la mydriase a disparu ou est remplacée par le myosis ; l'obscurité respiratoire augmente : la sonorité diminue ; l'adénite sus-claviculaire est pour ainsi dire constante et dure ; enfin, la radioscopie montre, soit une opacité absolue du sommet, soit des brides, encoches, vestiges du processus de cicatrisation.

*
* *

La notion anatomo-clinique de la pleurite du sommet contient l'explication de pas mal d'erreurs d'interprétation et d'autant de divergences d'opinion. Dans sa forme la plus répandue, elle est un témoin révélateur de la tuberculose et prend une place de premier plan dans la catégorie des stigmates de lésion ancienne, cicatricielle. A ce stade elle est le secret de l'extension démesurée qu'on accorde à la tuberculose de guerre.

Elle mérite d'être étudiée dans ses caractères évolutifs ; elle est loin, en effet, d'avoir la même signification pronostique qu'une lésion en évolution du parenchyme pulmonaire ; alors que celle-ci tend vers la caséification et l'ulcération, tout autant, sinon davantage, que vers la sclérose, la pleurite apicale n'a guère d'autre aboutissement que la symphyse cicatricielle. A cet égard, il convient de souligner l'intérêt de certains éléments du diagnostic, telle l'adénite ou la tronculite sus-claviculaire, qui ne s'observe point dans les lésions purement parenchymateuses.

*
* *

Le syndrome de la pleurite apicale n'a pas une valeur étiologique absolue ; il est un syndrome de localisation et s'observe avec les mêmes caractères dans les causes les plus variables. C'est ainsi que, s'il est surtout fréquent dans la tuberculose, on le constate fort souvent chez les anciens blessés de poitrine ; s'associant à d'autres séquelles lointaines de la blessure (hémoptysies durables...) que j'ai étudiées avec Lechevallier (voir p. 133) cette pleurite traumatique du sommet a conduit, par une erreur d'interprétation, à admettre beaucoup trop fréquemment la tuberculose traumatique qui est, en réalité, tout à fait exceptionnelle.

Le médiastin dans la tuberculose de l'adulte.

(Nos *26*, *44* et *48*.)

Les lésions du médiastin relèvent de causes fort diverses parmi lesquelles la tuberculose occupe, avec la syphilis, une des premières places.

J'ai toujours enseigné à mes élèves à rechercher, chez tout tuberculeux, si les signes d'auscultation perçus dans les régions supérieures du poumon ne se rapportent pas à une lésion médiastinale. J'attire toujours leur attention sur la valeur séméiologique de certains souffles, perçus dans ces régions et qui ne sont que des souffles de propagation, nés dans le médiastin et ayant leur maximum dans *l'espace interscapulo-vertébral*. Je m'attache à leur montrer l'importance de l'exploration de cet espace et de sa séméiotique physique, insistant sur les résultats que peut donner le contrôle des signes d'auscultation et de percussion par l'examen radioscopique. Habitués à explorer attentivement la zone d'alarme, c'est-à-dire la partie tout à fait interne de la fosse sus-épineuse, dans la recherche des signes physiques de la tuberculose, ils n'omettent point d'explorer avec le même soin la région thoracique para-vertébrale sous-jacente, dont la partie moyenne correspond précisément à la projection du hile, centre si commun des réactions ganglionnaires satellites de la tuberculisation pulmonaire (voir fig. 6, p. 83). Ils apprennent à connaître, en même temps, la valeur de certains symptômes objectifs et fonctionnels ressortissant à la compression ou à l'irritation des divers organes contenus dans le médiastin, de même qu'ils savent que, chez certains tuberculeux fébricitants dont les sommets sont démontrés sains par une exploration complète, les accidents généraux sont imputables à l'évolution ganglio-hilaire active.

L'*adénopathie trachéo-bronchique tuberculeuse,* très fréquente chez l'enfant, l'est beaucoup moins chez l'adulte. Rist et Ameuille ont nié son existence. Cette assertion me paraît inacceptable ; j'ai pu, par la recherche systématique des ganglions médiastinaux, constater leur constance. Sans doute, ces adénopathies ne constituent qu'exceptionnellement une forme anatomo-clinique bien différenciée de la tuberculose de l'adulte; on en trouve toutefois de remarquables exemples, tel celui que j'ai publié avec Combier et dont le symptôme dominant fut une oblitération totale de la veine cave supérieure (voir p. 142).

La médiastinite tuberculeuse de l'adulte accompagne toujours l'adénopathie trachéo-bronchique : mais elle peut exister seule. Sans doute, la médiastinite pure, sans adénopathie, est le plus généralement syphilitique ; souvent, elle s'observe *chez des tuberculeux qui sont, en même temps, syphilitiques*, ainsi que j'en ai rapporté un cas démonstratif; si bien que c'est surtout à la syphilis qu'il faut songer quand on la rencontre. Cependant, il est avéré que le bacille de Koch peut, à lui seul, édifier une médiastinite chronique, ainsi que Lian et Baron en ont réuni quelques cas typiques.

Les médiastinites tuberculeuses de l'adulte peuvent être divisées en médiastinites *supérieures* et *inférieures*.

Les médiastinites supérieures se traduisent par des phénomènes de compression de la trachée, des bronches, des vaisseaux (surtout des veines), des nerfs, et particulièrement du récurrent; un symptôme fréquent est l'inégalité pupillaire, liée à l'irritation des filets pupillo-dilatateurs contenus dans les *rami-communicantes* qui se rendent au troisième ganglion cervical et au premier ganglion dorsal. Cette médiastinite supérieure, chez l'adulte, s'observe bien plus souvent dans la syphilis que dans la tuberculose, en raison de la fréquence des lésions aortiques auxquelles elle s'associe (voir p. 166).

La médiastinite inférieure, au contraire, est plus communément tuberculeuse : mais il convient de noter qu'elle est surtout l'apanage de l'enfant, chez lequel elle évolue d'ordinaire conjointement avec la symphyse cardiaque (médiastino-péricardite calleuse avec asystolie, Hutinel, Venot); chez l'adulte, elle est plutôt consécutive à une pleurésie chronique, à la symphyse pleurale.

L'inégalité pupillaire dans les affections pleuro-pulmonaires.

(N° 22, voir p. 124.)

II. — ROLE DU TERRAIN DANS LA TUBERCULOSE

1°

Syphilis et tuberculose.

(Voir les nos *8, 9, 10 bis, 11, 12, 13, 14, 17, 32, 34, 35, 36, 37* et *45*.)

Dans ma monographie « Syphilis et Tuberculose » sont réunis tous les documents principaux qui constituent l'ensemble de mes recherches sur cette question, tant au point de vue du diagnostic différentiel de leurs diverses manifestations viscérales et périphériques qu'au point de vue des conséquences pathologiques de leur association chez le même malade. Toutefois, quand a paru cette monographie, le tréponème et la réaction de Wassermann étaient encore inconnus, si bien que ces deux éléments capitaux du diagnostic faisaient défaut et que, sur bien des points, la discussion pouvait rester ouverte : je crois devoir faire remarquer que la notion du séro-diagnostic de la syphilis ne modifie guère le problème du diagnostic, car, ainsi qu'il en est, d'ailleurs, de tous les moyens de diagnostic basés sur des réactions humorales, cette notion, si elle permet de reconnaître que le sujet est syphilitique, n'autorise nullement à affirmer que telle ou telle localisation morbide qu'il présente est de nature syphilitique. C'est cette considération qui m'a permis de montrer que rien ne saurait actuellement nous contraindre à admettre l'existence de *pleurésies syphilitiques du stade secondaire*, non plus que du *stade tertiaire*, sous le prétexte que la réaction de Wassermann, pratiquée avec le liquide pleural, est positive : ne sait-on pas que le liquide d'un vésicatoire appliqué chez un syphilitique donne un Wassermann positif et doit-on en conclure que la lésion inflammatoire produite par le vésicatoire est de nature syphilitique ? Au reste, l'examen complet de ces liquides pleuraux et les suites évolutives conduisent à conclure que ces pleurésies sont des manifestations tuberculeuses greffées sur la syphilis et favorisées par elle, ainsi que je me suis attaché à le montrer et que l'a développé, sur mon conseil, dans sa thèse, M. Amaudru. Pour établir l'existence des pleurésies de nature syphilitique, il faudra déceler la présence du tréponème en l'absence dûment établie du bacille de Koch.

J'ai choisi cet exemple de la pleurésie des syphilitiques entre tant d'autres, parce qu'il rentre dans le cadre de mes travaux personnels et parce que, en même temps, il est très compréhensif et contient toute la trame de la question si intéressante que j'ai étudiée dans ma monographie, tant du point de vue du diagnostic que du point de vue de l'association des deux maladies.

Je ne saurais, dans cet exposé rapide, envisager le vaste chapitre du *diagnostic différentiel* entre les diverses manifestations viscérales et périphériques de la syphilis et de la tuberculose.

Quelle que soit la part personnelle que j'y ai prise, en apportant un certain nombre d'observations démonstratives et, notamment, une étude des *formes scrofuloïdes de la syphilis*, une description des *trachéo-bronchites de la syphilis secondaire et un cas de pneumopathie syphilitique*, cette partie de la question conserve un caractère didactique qui n'appartient pas en propre à mes travaux. Toutefois, je crois devoir souligner ma contribution à la discussion des *éléments du diagnostic de la tuberculose chez les syphilitiques.* A côté des arguments tirés de l'évolution clinique, il convient de faire une place importante aux arguments tirés des examens faits au laboratoire, en apportant les mêmes réserves que celles que j'ai marquées à propos de la valeur des réactions humorales en pareil cas ; seule, la présence du bacille de Koch au sein d'une lésion évoluant chez un syphilitique permettra d'affirmer la nature tuberculeuse de cette lésion. La *valeur de la réaction à la tuberculine* est nulle ou à peu près : elle constate que le sujet est tuberculeux, — ce qui ne saurait surprendre, 95 p. 100 des adultes réagissant — mais nullement que la lésion locale est de nature bacillaire. De même, l'efficacité partielle du traitement spécifique n'aura qu'une signification relative ; elle conduira à admettre la possibilité d'une hybridité de lésions ou de terrains mais non à rejeter complètement la présence de la tuberculose qui peut s'être greffée sur la syphilis.

L'étude des conséquences de l'association des deux maladies ne peut être abordée utilement sans un exposé préalable, d'une part, des conditions étiologiques qui peuvent présider à l'origine de l'association morbide et, d'autre part, des principaux types anatomo-cliniques que peut revêtir cette association.

* * *

Conditions étiologiques et pathogéniques qui entourent les origines de l'association morbide.

L'importance de la syphilis acquise ou héréditaire dans l'étiologie de la tuberculose est indéniable ; la syphilis constitue un facteur puissant de tuberculisation, soit par voie directe, soit par voie indirecte.

Directe, la tuberculisation se produit à la faveur de lésions syphilitiques des revêtements cutanés ou muqueux. C'est ainsi, notamment que les inoculations bacillaires se grefferont fréquemment sur une laryngite, une trachéite secondaire.

Mais la tuberculisation *indirecte* est bien plus fréquente. La syphilis prédispose à la tuberculose parce qu'elle atteint profondément l'organisme dans sa résistance.

Cette tuberculisation indirecte peut survenir, soit au début de la syphilis, soit à une époque plus ou moins tardive, parfois même très lointaine.

Au début, pendant la période secondaire, la virulence de l'infection est à son comble et la tuberculose éclate plus ou moins brutalement, à la faveur de ce « grand branle-bas » suivant l'image de Ricord.

Plus tard, la syphilis a déterminé des altérations humorales persistantes, qui créent ce que j'ai appelé le *terrain syphilitique,* terrain qui constitue, vis-à-vis de la tuberculose, une prédisposition d'élection. Ce terrain syphilitique est transmissible héréditairement : à côté de *l'hérédité de graine* prend place *l'hérédité de terrain,* qui crée, chez les enfants des syphilitiques, une véritable disposition à la phtisie et aux tuberculoses locales.

En résumé, la syphilis prépare le terrain pour la graine de la tuberculose : elle crée un terrain d'élection pour la tuberculisation, ainsi que Landouzy l'avait enseigné déjà.

* * *

Modes d'association de la syphilis et de la tuberculose.

D'une façon générale, ces modes d'association se réduisent à deux types principaux : l'association de lésions et l'association de terrains.

L'association de lésions, c'est la fusion intime sur un même territoire, d'où la formation de lésions hybrides, dont l'hybride de syphilis et de lupus représente l'exemple le plus caractéristique.

L'association de terrains, c'est l'évolution simultanée, parallèle, des deux maladies chez le même sujet : c'est l'histoire, par exemple, de l'évolution de la tuberculose pulmonaire chez les syphilitiques.

Ces deux modes d'association n'en constituent guère, en pratique, qu'un seul. En effet, lorsque la syphilis et la tuberculose se réunissent en un point quelconque, leur association ne se fait pas à la manière de la combinaison « d'un acide et d'une base formant un sel » ; il n'y a point fusion complète, et Bazin s'est élevé contre cette opinion.

Lorsque Ricord a créé l'expression imagée de « scrofulate de vérole » il a envisagé simplement les caractères particuliers des manifestations scrofuleuses chez les syphilitiques, et inversement ; il a fait allusion surtout aux allures spéciales des écrouelles secondaires et tertiaires chez les syphilitiques.

Il n'en est pas moins vrai que la réunion des deux ordres de lésions aboutit à la production d'une lésion complexe, qui tient de la syphilis par certains caractères, de la tuberculose par certains autres : « scrofulo-syphilides » de Devergie, « état mixte » de Lugol, « hybridité syphilo-strumeuse » de Fournier.

En réalité, la fusion n'est qu'apparente et les deux lésions évoluent côte à côte, sans se combiner l'une à l'autre, ainsi que permettent de le reconnaître les examens histologiques.

En résumé, « il n'y a jamais hybridité de lésions, mais seulement et toujours hybridité de terrains avec intrication ou juxtaposition plus ou moins étroite ou lointaine de lésions ».

Quoi qu'il en soit, du point de vue purement clinique, les deux modes d'association doivent être étudiés et décrits isolément.

LES HYBRIDITÉS DE LÉSIONS

L'Hybride de Lupus et de Syphilis est certainement la mieux connue et la mieux étudiée.

Leloir (1891) en donna une description anatomo-clinique complète à propos d'un malade chez lequel il pratiqua une biopsie avant et après l'application du traitement spécifique. Il vit la lésion s'atténuer considérablement, sans cependant arriver à la guérison complète, et constata, en comparant les coupes provenant des deux biopsies, que les îlots tuberculeux persistaient, entourés par des bandes fibreuses plus ou moins épaisses représentant la cicatrisation des parties sphilitiques de la lésion

Longin, dans une thèse récente (1905), est revenu sur ces faits, qui établissent que, lorsque la syphilis et la tuberculose s'associent sur une même région, elles ne se combinent pas, au sens vrai du mot, mais se juxtaposent et s'intriquent simplement d'une façon plus ou moins intime.

LES HYBRIDITÉS DE TERRAINS

Dans cette étude clinique du retentissement qu'exercent l'une sur l'autre la syphilis et la tuberculose évoluant simultanément chez le même individu, nous distinguons deux grands groupes :

a) les tuberculoses locales chez les syphilitiques ;

b) la tuberculose pulmonaire chez les syphilitiques.

a) Tuberculoses locales chez les syphilitiques (syphilo-scrofule). — Il est impossible d'aborder ce chapitre sans rappeler tout d'abord les diverses doctrines qui se sont élevées à propos de la nature de la *scrofule*. Considérée tout d'abord comme un dérivé fréquent de la syphilis par certains médecins, considérée par d'autres comme absolument indépendante de la syphilis, elle fut démembrée en quelque sorte par les recherches du professeur Fournier sur l'hérédo-syphilis, et il semble bien que bon nombre des manifestations autrefois rattachées à la vieille scrofule doivent, en effet, être considérées comme des conséquences directes de la syphilis héréditaire tardive. Cependant, il est permis de penser que la démarcation entre la scrofule proprement dite et l'hérédo-syphilis est très indécise et que, bien souvent, la scrofule ne fait son apparition qu'à la faveur du terrain syphilitique. Je me suis attaché personnellement à soutenir cette opinion, que j'ai longuement développée dans mon livre. Je crois, avec Gallois, que la scrofule, infection primitivement banale du rhino-pharynx, ouvre la porte à la scrofulo-tuberculose et qu'elle a elle-même pour origine, ainsi que l'a admis également le professeur Gaucher, une prédisposition spéciale créée par l'hérédité syphilitique.

Il est certain, d'autre part, qu'au point de vue clinique la distinction entre les manifestations de la scrofulo-tuberculose et celles de la syphilis, et notamment de la syphilis héréditaire tardive, est parfois presque complètement impossible et c'est pourquoi j'ai pensé qu'il était convenable de décrire ce que j'ai appelé *les formes scrofuloïdes de la syphilis*.

Il n'en est pas moins vrai qu'il convient de faire la preuve de la nature tuberculeuse des lésions à type de scrofule que l'on constate chez les syphilitiques et chez les hérédo-syphilitiques, avant d'être en droit d'affirmer que le traitement mercuriel a pu guérir chez eux des lésions qui n'étaient point syphilitiques mais qui étaient tuberculeuses.

De ce rapide aperçu retenons simplement cette notion, à savoir que, si certaines manifestations scrofulo-tuberculeuses sont améliorées par le traitement mercuriel, c'est parce qu'elles ont germé sur un terrain syphilitique. Ces faits représentent des exemples typiques de syphilo-scrofule ; si la syphilis n'y est pas apparente, c'est parce qu'elle n'existe qu'à titre d'imprégnation de terrain héréditairement transmise et c'est par là que s'ouvre en quelque sorte, ainsi que je l'ai écrit, « la barrière qui fait communiquer le champ de la scrofule avec celui de l'hérédo-syphilis ».

7

b) Tuberculose pulmonaire chez les syphilitiques (syphilo-tuberculose). — Deux cas peuvent se présenter, suivant qu'il s'agit d'un tuberculeux syphilisé ou d'un syphilitique tuberculisé.

1° *La syphilis survient chez un tuberculeux.* — Cette forme est relativement plus rare. Un tuberculeux qui se sait tuberculeux, qui se soigne, qui se soumet à un régime sévère, s'expose moins souvent, en effet, aux causes de contamination vénérienne. Il peut néanmoins contracter la vérole.

Or, il est classique de dire que la tuberculose s'aggrave de ce chef et que la vie du malade est fatalement sacrifiée.

C'est là un pessimisme qu'il ne faut pas adopter sans restrictions.

Il me paraît, en effet, qu'il est nécessaire de tenir compte de certaines considérations spéciales, afin d'établir un pronostic proportionné au cas observé. C'est ainsi que deux facteurs importants entrent en ligne de compte :

L'état du terrain tuberculeux préexistant ;

La qualité de l'infection syphilitique surajoutée.

a) Le rôle de l' *état du terrain tuberculeux préexistant* est capital. Une tuberculose avancée ou hypertoxique se trouve notablement aggravée du fait de l'apparition de la syphilis et le pronostic devient fatal à plus ou moins bref délai.

Lorsque, au contraire, la syphilis survient chez un tuberculeux peu avancé, résistant, qui se soigne, et lorsque, de plus, cette syphilis est non seulement d'intensité moyenne ou bénigne, mais encore traitée sérieusement, il est assez rare de voir la tuberculose s'aggraver.

Le seul moment dangereux est celui où les deux affections prennent en quelque sorte contact et où l'association se forme. Ce cap doublé, la tuberculose peut se comporter comme si elle ignorait la présence de la syphilis : bien plus, il est assez fréquent de constater que la syphilis semble favoriser la guérison de la tuberculose en provoquant un processus de sclérose et de calcification. J'ai attiré l'attention dans mon livre sur l'*expectoration de petites concrétions mûriformes,* ayant tous les caractères des tubercules crétacés et dans lesquelles j'ai pu déceler la présence de bacilles de Koch.

b) Mais la *qualité de l'infection syphilitique surajoutée* demande aussi à être envisagée : très virulente, soit parce qu'intensive, soit parce que tenace, elle impose, en effet, au pronostic une prudente réserve.

2° *La tuberculose survient chez un syphilitique.* — La tuberculose des syphilitiques peut être *précoce* ou *tardive.*

Tuberculisation précoce. — La tuberculisation précoce peut survenir soit dès le début de la syphilisation, soit au déclin de la période secondaire.

a) *Au début de la syphilisation,* c'est le moment du « grand branle-bas » ; il y a là une zone dangereuse qu'il faut franchir et sur laquelle peut s'échouer et sombrer la santé. Aussi cette forme est-elle souvent grave et les cas ne sont pas rares de sujets déprimés, infectés, intoxiqués, anémiés, succombant en quelques semaines à la phtisie galopante.

b) *Au déclin de la période secondaire,* dans le cours de la deuxième, de la troisième année de la syphilis, presque aux confins du tertiarisme, la tuberculose peut survenir et s'installer sournoisement. Souvent, c'est chez un malade qui, après s'être soigné, a cessé le traitement, s'est fatigué, surmené, a fourni à la tuberculose une porte d'entrée : laryngite, trachéite. Pour ne pas évoluer à grand fracas, comme la forme précédente, celle-ci n'en est pas moins sérieuse ; mais elle n'est point fatalement mortelle.

Ici, la tuberculisation s'est ouverte en sourdine ; l'organisme, remis du choc de la syphilisation initiale, présentait déjà un état humoral voisin de celui des périodes lointaines de la syphilis, lequel, ainsi que nous le savons, oriente la tuberculose vers la sclérose.

Aussi n'est-il pas rare de voir, sous l'influence du traitement, une pareille tuberculose s'arrêter dans son évolution et guérir.

C'est pour n'avoir pas fait ces distinctions relatives à la date d'apparition de la tuberculisation chez les syphilitiques que les auteurs ont émis des pronostics différents, les uns tout à fait pessimistes, les autres trop optimistes. Il ne faut point généraliser, il faut distinguer et se garder de l'un ou l'autre excès.

Tuberculisation tardive. — La tuberculisation tardive reconnaît deux types pathogéniques différents : soit qu'elle se greffe directement sur une pneumopathie syphilitique, soit qu'elle soit le résultat de la prédisposition créée par le terrain syphilitique.

a) *Tuberculose greffée sur une pneumopathie syphilitique.* — Comme type de cette forme, dont Potain, Gougenheim ont rapporté des observations, je signalerai la curieuse observation que m'a donnée le professeur Fournier et qui est celle d'un homme syphilitique, qui présentait depuis plusieurs années une caverne gommeuse qui se tuberculisa ultérieurement, ainsi qu'on put le constater par la coloration des bacilles dans les crachats. Toutefois, la tuberculose resta floride chez ce syphilitique, qui mourut, avec toutes les apparences de la santé, d'une hémoptysie foudroyante. Il semble bien qu'il se soit agi ici d'une véritable hybridité, et il est intéressant de constater que la tuberculose est restée étroitement limitée au siège même de la caverne syphilitique sur laquelle elle s'est greffée.

Il est vraisemblable que l'hybridité de syphilis et de tuberculose pulmonaires est plus fréquente qu'on ne le croit, et c'est probablement pour cette raison que le traitement mercuriel améliore presque toujours et guérit parfois la tuberculose des syphilitiques.

b) *Tuberculose développée par prédisposition inhérente au terrain syphilitique.* — Si le terrain syphilitique représente un terrain d'élection pour la tuberculisation, il paraît jouir, par contre, de propriétés particulières, grâce auxquelles la tuberculose qui germe sur lui affecte une tendance toute spéciale aux formes fibreuses.

Le professeur Landouzy a montré que les « anciens syphilisés, néo-tuberculeux, aboutissent au *sclérolate de tuberculose* ».

C'est également ce qui découle des recherches de son élève Jacquinet et de celles de Stieffel.

Pour ma part, j'ai la conviction que bon nombre de tuberculoses fibreuses et de scléroses pulmonaires n'ont pas d'autre origine qu'une syphilis ancienne, quelquefois ignorée ou méconnue. Grâce à la recherche systématique des indices révélateurs dont j'ai montré l'importance dans mon livre, j'ai pu, bien des fois, constater le bien fondé de cette opinion et dépister le terrain syphilitique sur lequel avait germé la tuberculose. C'est ainsi que j'ai pu découvrir la syphilis dans le passé de tuberculeux torpides ou fibreux, considérés souvent comme de vieux emphysémateux, comme de vieux bronchitiques, en me basant sur des signes plus ou moins prononcés d'aortite, sur des modifications pupillaires (inégalité pupillaire, absence ou retard du réflexe lumineux) et surtout *sur la présence de la leucoplasie buccale.*

M'appuyant sur de nombreuses observations, publiées dans mon livre ou recueillies depuis, je pense que *la syphilis est une cause fréquente de tuberculose fibreuse* et que *la tuberculose fibreuse doit inviter le médecin à rechercher méthodiquement les stigmates et les indices révélateurs de la syphilis ;* sans prétendre que la tuberculose fibreuse est toujours une manifestation parasyphilitique, ce qui serait méconnaître les autres causes qui peuvent la provoquer, je crois qu'elle se rencontre avec une fréquence extrême chez les anciens syphilitiques, et qu'elle doit faire soupçonner l'existence de la syphilis dans le passé du sujet. (Voir le n° 36 et la thèse de mon élève Chabbert, sur le même sujet.)

Tuberculisation des hérédo-syphilitiques. — Lorsque la tuberculose survient chez un hérédo-syphilitique, elle présente parfois des particularités qui la distinguent de la tuberculose commune et qu'il est utile d'indiquer en quelques mots. C'est ainsi que, chez les enfants du premier âge, la constatation d'une caverne pulmonaire est un signe d'hérédo-syphilis pour le professeur Hutinel. Et il est entendu qu'il ne s'agit là ni de caverne gommeuse syphilitique simple, ni de pneumopathie syphilitique, mais bien de tuberculose avec bacilles de Koch. Voilà, certes, une particularité intéressante, pour qui sait combien sont rares les cavernes tuberculeuses chez les enfants du premier âge. Dans de semblables cas il pourrait être utile d'instituer le traitement spécifique, qui peut modifier avantageusement une hybridité de syphilis et de tuberculose et même influencer heureusement une tuberculose pulmonaire développée chez un hérédo-syphilitique présentant des lésions spécifiques cutanées ou osseuses en évolution.

Cette opinion trouve sa justification dans les faits observés par Barthélemy (Congrès de la Tuberculose, 1905) et dans ceux qui me sont personnels.

A côté des faits précédents se placent ceux dans lesquels la tuberculose apparaît chez des sujets issus de souche syphilitique et ne présentant plus depuis longtemps des manifestations syphilitiques. Il s'agit ici d'une tuberculisation développée sur un terrain syphilitique héréditaire, au sens que j'ai donné à ce mot. C'est dire que cette tuberculose aura tendance à évoluer comme celle des anciens syphilitiques, d'une façon bénigne et torpide, tendant à la sclérose.

Pronostic général.

On a coutume de dire qu'il n'y a pas de pire association morbide que celle de la syphilis et de la tuberculose. J'ai voulu réagir contre cette opinion, qui, dans son exclusivisme absolu, est fausse. Je me suis attaché à montrer combien il était indispensable de faire des distinctions ; le pronostic est moins constamment grave qu'on ne le dit et il dépend de trois conditions primordiales :

1° *Des circonstances étiologiques et pathogéniques qui entourent les origines de l'association morbide ;*

2° *Du degré de virulence de chacune des deux infections ;*

3° *De la thérapeutique mise en œuvre.*

Les deux premières conditions, étant inhérentes à la forme clinique, sont intangibles. Le médecin les subit et ne peut les modifier. La troisième est essentiellement variable ; elle est ce que le médecin la fait.

Traitement.

L'influence du traitement spécifique sur la tuberculose des syphilitiques est très diversement appréciée. Bon nombre de traités classiques enseignent que le traitement spécifique est particulièrement dangereux chez les tuberculeux syphilitiques, qu'il favorise l'évolution de la tuberculose, qu'il en hâte la marche, qu'il peut provoquer une poussée aiguë, qu'en un mot il doit être abandonné.

Je ne suis pas de cet avis et j'estime qu'on ne saurait trop réagir contre cette opinion.

« *Chez les tuberculeux syphilitiques*, ainsi que je n'ai cessé de le répéter, *le traitement spécifique, non seulement guérit les manifestations actuelles de la syphilis, mais même améliore considérablement l'état général et les localisations de la tuberculose.* »

Barthélemy a soutenu la même opinion. (Congrès de la Tuberculose, Paris, 1905.)

Ici encore, comme en matière de pronostic, les divergences des auteurs peuvent en grande partie être expliquées, si on prend soin de faire des distinctions essentielles entre les types cliniques observés et de s'entendre sur le sens qu'il faut accorder à l'expression générale : *traitement spécifique.*

C'est ainsi qu'il faut distinguer le syphilitique devenu tuberculeux du tuberculeux devenu syphilitique.

Le premier voit sa tuberculose se développer à la faveur d'un terrain préparé ; l'efficacité du traitement spécifique n'est point surprenante, puisqu'elle se résume essentiellement dans une action modificatrice du terrain sur lequel a germé le bacille. J'ai groupé dans mon livre un grand nombre d'observations sur lesquelles s'est basée ma conviction, qui a pour elle, d'ailleurs, l'autorité de Potain.

Lorsque la syphilis survient chez un tuberculeux, les conditions sont différentes ; c'est à ces cas que s'applique la réflexion du professeur Landouzy : « La pire association morbide que je connaisse est l'union d'une tuberculose pulmonaire avec une syphilis commençante ». Ici, le traitement spécifique peut demeurer sans effet ; il peut même être dangereux de le continuer si des signes de consomption ou de poussée aiguë se manifestent. Mais, dans la suite, lorsque le malade aura résisté au choc initial, il ne pourra que bénéficier du traitement spécifique, qui modifiera avantageusement le terrain sur lequel se sera acclimatée sa tuberculose.

En réalité, le traitement spécifique est presque toujours indiqué chez les tuberculeux syphilitiques ; il n'est contre-indiqué que dans les tuberculoses arrivées à la période ultime et au cours des poussées aiguës, ou encore chez les sujets qui présentent des ulcérations tuberculeuses de la bouche ou de la langue, lesquelles subissent, sous l'influence du mercure, une exacerbation d'une rapidité surprenante.

Ce qui est vrai pour la tuberculose pulmonaire des syphilitiques, l'est aussi pour les tuberculoses locales, pour les manifestations à type de « scrofulate de vérole » de la syphilis acquise ou héréditaire. J'en ai rapporté plusieurs observations dans mon livre.

En résumé, loin d'exercer une action nocive sur la tuberculose des syphilitiques, ainsi qu'on le répète trop souvent, le traitement spécifique, en dehors de certaines conditions exceptionnelles, améliore presque constamment l'état général et les localisations de la tuberculose. Ce n'est pas, en réalité, la syphilis qui aggrave la tuberculose, c'est la syphilis *non soignée* ou *mal soignée*.

Bien au contraire, il n'est pas rare de voir la syphilis *bien traitée* favoriser la guérison de la tuberculose.

Mais, l'application du traitement spécifique exige ici, plus peut-être qu'en aucun autre cas, une surveillance étroite et doit être soumise à des règles particulières.

Tout d'abord, *il est un principe capital :* par traitement spécifique, il faut entendre ici le *traitement mercuriel* ou *arsenical* pur et simple, *non associé à l'iodure de potassium*. La médication iodurée expose aux poussées congestives et peut être redoutable dans la tuberculose. C'est en tenant compte de cette distinction qu'on pourra en grande partie, à mon sens, expliquer les divergences des auteurs sur l'efficacité ou la nocivité du traitement spécifique dans la tuberculose des syphilitiques.

Le traitement spécifique pourra être *mercuriel*, de préférence sous la forme de frictions ou d'injections, ou *arsenical*, soit sous forme d'arséno-benzol ou d'hectine (voir n° 45).

Il conviendra de lui associer les prescriptions d'hygiène générale et alimentaire appropriées ainsi que les médications communément utilisées contre la tuberculose et, notamment, la *cure de recalcification*.

2°

Pathogénie de la tuberculose.

(Voir les nos *16*, *25*, *38*, *43*, *46* et *53*.)

Conduit par mes recherches sur l'association de la syphilis et de la tuberculose à faire une large part à la notion de terrain dans la pathogénie et l'évolution de la tuberculose, j'ai étudié, de ce point de vue, un certain nombre d'états physiologiques, telle la grossesse, et pathologiques, telles les entéro-colites et l'appendicite chronique, et, d'une façon générale, toutes les causes de déminéralisation et surtout de *décalcification*, et j'ai montré la fréquence avec laquelle ces états précédaient ou conditionnaient les manifestations apparentes de la tuberculisation pulmonaire. Ils peuvent être considérés comme des stades de la *prétuberculose*, ou plutôt — car il convient de réserver la signification de ce mot — comme des étapes de la prédisposition à la tuberculose, ou, mieux encore, comme des causes occasionnelles ou favorisantes de la tuberculose de l'adulte.

Mais, ces idées qui, *a priori*, semblaient heurter les conceptions pathogéniques admises, demandaient à être commentées. Je me suis attaché à montrer qu'elles n'étaient ni rétrogrades ni révolutionnaires et que, loin d'être en opposition avec ces conceptions pathogéniques, elles s'adaptaient, au contraire, merveilleusement à elles et trouvaient, autant dans l'observation clinique que dans l'expérimentation, des arguments confirmatifs. J'ai condensé cette thèse dans deux mémoires qui se sont suivis à quelques mois de distance (nos 43 et 46) et dont il est nécessaire de donner ici, pour la clarté de l'exposition, un compte rendu assez détaillé.

*
* *

La décalcification dans la pathogénie de la tuberculose.

Voir en outre le chapitre « Traitement » (page 119).

N° 16. — Abstraction faite des cas dans lesquels les lésions de l'intestin et de l'appendice sont de nature tuberculeuse, il convient de faire une place à certaines formes d'entéro-colite banale, avec ou sans appendicite chronique, qui n'ont rien de commun avec la tuberculose intestinale et dont l'importance est, à mon avis, considérable dans la pathogénie de la tuberculisation pulmonaire, ainsi qu'on peut s'en assurer en interrogeant le passé des phtisiques et en suivant, dès son début, la succession des étapes morbides chez les tuberculeux. Ce sont ces formes que j'ai proposé de décrire sous la dénomination *d'entéro-colites prétuberculeuses*.

Elles sont la source de *spoliations calcaires* encore augmentées par un régime spécial trop rigoureux et souvent aggravées par la médication lactique trop longtemps poursuivie.

On conçoit l'importance de cette notion au point de vue pratique.

N°s 25 et 38. — L'étude des *relations de la grossesse et de la tuberculose* m'a conduit à des considérations pathogéniques du même ordre. On sait quelle est la gravité de la tuberculose qui fait éclosion après l'accouchement et l'on sait aussi que la grossesse qui survient chez une tuberculeuse en cours d'évolution a souvent pour effet d'arrêter la marche évolutive de la tuberculose qui, au contraire, reprend, plus sévère et plus rapide, dès les jours qui suivent l'accouchement.

Or, ces constatations cadrent parfaitement avec les notions que nous possédons sur l'évolution du processus de calcification dans l'état gravide ; nous savons que, durant toute la gravidité, l'organisme maternel retient sa chaux employée à l'édification du squelette fœtal et nous savons qu'après l'accouchement, au contraire, une abondante élimination des sels calciques s'opère. Ces considérations ont conduit certains auteurs à proposer l'avortement chez les tuberculeuses devenues enceintes.

D'autre part, on sait que, au cours de la grossesse, les capsules surrénales sont fréquemment altérées (Guicysse) et j'ai montré avec

Lian (voir page 17) la part de *l'insuffisance surrénale dans les vomissements incoercibles*, sur lesquels l'opothérapie surrénale a si souvent une heureuse influence.

De même, je me suis attaché à établir *le rôle de l'adrénaline comme fixateur des sels de chaux* (voir page 122).

Si bien qu'on peut, en rapprochant ces deux ordres de données, se demander si l'insuffisance surrénale n'est pas, chez la femme enceinte, la cause favorisante de l'énorme décalcification qui donne à la tuberculose du *post-partum* une allure si terrible.

Ce cas particulier n'est, d'ailleurs, qu'une des manifestations de *l'insuffisance surrénale chez les tuberculeux*, dont j'ai fait une étude complète (voir page 16).

*
* *

La prétuberculose et l'étude du terrain.

N° 43. — Jusqu'à ces dernières années, il était facile de donner une définition de la *prétuberculose*. Elle était le stade préparatoire à l'évolution des signes de la tuberculisation. Elle était fort en honneur et son étude se confondait intimement avec celle des caractères cliniques et bio-chimiques de la prédisposition à la tuberculose : elle était en quelque sorte l'expression confirmée de cette prédisposition.

Actuellement, cette définition ne s'accorde plus avec les idées régnantes sur l'évolution de la tuberculose. Presque tous les phtisiologues admettent, en effet, que la tuberculose de l'adulte n'est que le réveil, à la faveur de circonstances occasionnelles favorisantes, d'une tuberculose endormie depuis l'enfance. Dès lors, la prétuberculose doit disparaître de la phtisiologie.

A raisonner ainsi, il apparaît clairement que le mot est mauvais. Cependant, je crois que l'idée qu'il exprime n'est pas absolument incompatible avec les doctrines en vogue ; j'estime qu'on peut parfaitement concilier les conceptions cliniques d'hier avec les notions étiologiques et pathogéniques d'aujourd'hui.

Cette étude critique peut se résumer en trois propositions principales :

1° *La tuberculose de l'adulte est un réveil d'une tuberculose endormie depuis l'enfance ou une réinfection d'un organisme immunisé partiellement.*

2° *Les conditions étiologiques qui président à cette rechute sont de deux ordres : les unes tiennent aux prédispositions humorales de terrain, les autres aux circonstances occasionnelles qui permettent à ces dernières de s'exercer.*

3° *La rechute est annoncée par l'apparition d'un ensemble de troubles et de symptômes qui constituent précisément la prétuberculose.*

La première proposition, bien étudiée dans un travail de Burnet, trouve son argumentation dans les statistiques des autopsies (Küss, Hutinel) et des tuberculino-réactions (Nœgeli, Von Pirket, Nocard), dans l'analogie des données expérimentales (phénomène de Koch) et cliniques (atténuation manifeste du retentissement ganglionnaire dans la tuberculose de l'adulte), dans la notion à la fois clinique et expérimentale du rôle d'une vaccination antérieure laissant subsister une sensibilisation qui favorise la réinfection.

La deuxième et la troisième proposition trouveront tout leur développement dans l'analyse du mémoire suivant (n° 46).

Il convient de s'entendre sur la signification du mot *prétuberculose*. Si on veut l'enfermer dans une idée rigoureuse et lui donner un sens doctrinal il est mauvais et doit être abandonné; si on veut simplement lui donner une valeur clinique il reste juste. Sans doute, pour éviter d'entretenir une erreur nosologique et doctrinale, il est préférable de lui substituer le mot *préphtisie*, qui respecte le sens pathogénétique de l'état morbide qu'il définit.

C'est là la conclusion raisonnable qu'il convient de tirer de cette étude.

Nos idées actuelles sur la tuberculose nous font considérer cette maladie comme une maladie de l'enfance. L'enfant qui n'a pas succombé à la première atteinte conserve de cette atteinte — s'il n'a pas guéri complètement — une immunité relative, sorte de vaccination, dont le revers est une sensibilisation spéciale à la réinfection.

Cette réinfection nécessite la réunion de circonstances occasionnelles, capables de favoriser en même temps la contagion et la défaillance du terrain. Au moment où ces circonstances s'exercent l'immunité est rompue et la rechute survient. Cette rechute s'accompagne d'un ensemble de symptômes et de troubles morbides qui traduisent ce stade de rupture d'immunité ou de réinfection, lequel correspond précisément à cet état qui, naguère encore, était décrit sous le nom de *prétuberculose*, et qu'il est préférable de dénommer aujourd'hui *préphtisie*.

La notion du stade de *préphtisie* a, dans la pratique, une importance que personne ne saurait nier. A ce moment, si le diagnostic est hâtif, la thérapeutique peut intervenir de façon efficace, en mettant en œuvre surtout les moyens dont elle dispose pour sauvegarder la résistance organique contre le réveil de la maladie.

N° 46. — Les conceptions que j'ai exposées et défendues dans le précédent travail tendent à mettre en évidence la nécessité de rendre au terrain le rôle qui lui revient dans la pathogénie et l'évolution de la tuberculose. Il est incontestable que nous assistons actuellement à une réaction contre l'exclusivisme des doctrines purement microbiennes.

Déjà l'école de Bouchard, avec Charrin et Roger, s'était attachée à démontrer que les propriétés des microbes étaient influencées par le terrain sur lequel ils étaient semés. Cette idée, qui marque le début de la réaction, s'est précisée dans la suite et je pourrais citer de nombreux auteurs qui se sont attachés à la faire prévaloir.

On sait l'importance que le professeur Landouzy accorde aux prédispositions. De son côté le professeur Robin, dans ses recherches de chimie clinique, établit le rôle que joue la déminéralisation. A sa suite prennent position les travaux de Ferrier qui mettent en lumière la décalcification de l'organisme dans la pathogénie de la tuberculose. Enfin, apparaît aujourd'hui l'ère pathogénétique de la défaillance des ferments digestifs dont Lœper et Esmonet, ainsi que Justin Roux (de Cannes), font une des causes qui favorisent la déchéance du terrain et la germination du bacille de Koch.

Le rôle du terrain est capital dans la pathogénie et l'évolution de la tuberculose et se manifeste dans trois conditions que nous allons étudier :

1° La pathogénie proprement dite ;
2° L'évolution de la maladie ;
3° Le pronostic.

I. — Le rôle du terrain dans la pathogénie de la tuberculose

Le microbe n'est pas « tout », mais le terrain non plus n'est pas « tout ». En réalité, les deux se combinent, s'influencent réciproquement, voire même, si on veut, se sensibilisent et s'immunisent. Précisons ces notions indispensables.

Premier point : le microbe n'est pas tout.

Ceux qui ont pensé pouvoir expérimentalement étudier la tuberculose humaine en se bornant à injecter le microbe à des animaux se sont trompés : 1° parce qu'ils se sont adressés à des organismes sains ; 2° parce qu'ils ont obtenu la maladie en inoculant des doses massives formidables ; deux conditions qui ne sont pas celles que l'on rencontre en clinique, chez l'adulte. D'autre part, il y a des espèces réfractaires auxquelles on ne peut inoculer la tuberculose. Enfin, le microbe inoculé provoque des réactions spécifiques de la part de l'organisme ; ces réactions représentent un processus de défense qui se manifeste par la genèse d'anticorps et constitue une modification profonde du terrain caractérisant l'immunité. Dès lors, le terrain ne saurait être négligé dans l'évolution du processus morbide.

Deuxième point : le terrain n'est pas tout.

Il ne suffit pas d'avoir un terrain préparé ; il faut rencontrer, à un moment donné, la cause de contagion. Nous sommes loin de la *spontanéité morbide,* qui trouve aujourd'hui son explication dans la notion du microbisme latent. Il y a des sujets qui portent en eux, à l'état latent, depuis l'enfance le plus souvent, le microbe de la tuberculose ; ils ne sont pas tuberculeux, en apparence, et cependant ils sont tuberculisés et, un jour ou l'autre, l'occasion se présentant, la tuberculose se manifestera avec des symptômes qui ne laisseront aucun doute. Ici, apparaît la notion du réveil de la tuberculose.

Troisième point : le terrain a un très grand rôle. — Les prédispositions à la tuberculose.

Le terrain n'est pas tout ; il faut aussi un microbe. Mais le terrain a un très grand rôle. Il y a des espèces réfractaires. Si cette notion de l'immunité spontanée est vraie pour l'animal, elle l'est aussi pour l'homme. Il y a des individus qui peuvent être exposés pendant leur vie à des occasions multiples de contamination et qui, jamais, ne sont touchés cliniquement par la tuberculose. Donc, il y a un état de terrain qui fait que tel individu, par son *facteur personnel* (Sir Dyce Duckworth) paraît jouir d'une sorte d'immunité vis-à-vis de la tuberculose, tandis que tel autre présente, au contraire, une véritable aptitude pour cette maladie.

Les prédispositions humorales à la tuberculose sont de deux sortes : 1° les unes sont le fait d'une imprégnation du terrain par le bacille de Koch ; 2° les autres sont le fait d'une aptitude bio-chimique particulière favorisant la germination du bacille de Koch.

1° *Imprégnation du terrain par le bacille de Koch.* — Les prédispositions humorales de cette catégorie sont véritablement spécifiques. Elles peuvent être et sont surtout acquises, mais rien n'empêche d'admettre qu'elles puissent être héréditaires aussi. Leur étude est liée à l'étude de l'immunisation et de la sensibilisation. Elles trouvent leur explication dans deux expériences de Rœmer : un animal, antérieurement tuberculisé, présente une immunité relative contre une nouvelle réinoculation, à la condition que la tuberculose dont il est porteur, soit encore active, quoique devenue bénigne ; dans le cas contraire l'animal a perdu toute immunisation et se trouve dans les conditions d'un animal neuf, non vacciné. Bien plus si à cet animal on injecte des doses massives, il succombera beaucoup plus rapidement qu'un animal neuf ; il jouit donc d'une sensibilisation particulière, d'une sorte d'état anaphylactique, qu'il doit à sa première inoculation.

L'importance de ces données expérimentales pour l'interprétation des formes évolutives de la tuberculose humaine ne saurait échapper.

2° *Prédispositions bio-chimiques.* — Ici prennent place les prédispositions qui constituent une aptitude du terrain, héréditaire ou acquise, à la tuberculose et qui sont indépendantes de l'état humoral spécifique (allergie) produit par l'imprégnation bacillaire antérieure.

Ces prédispositions bio-chimiques représentent l'application à la pathogénie de la tuberculose des doctrines de Robin sur la déminéralisation, de Ferrier sur la décalcification, de Lœper et Esmonet, de Justin Roux (de Cannes) sur les défaillances des ferments digestifs.

Je n'y insisterai point, si ce n'est pour discuter une objection qui a été soulevée par certains auteurs et qui tend à avancer que la *décalcification* n'est pas cause, mais effet, dans le processus de tuberculisation. Cette objection s'appuie particulièrement sur les expériences de Sarvonat et Rebattu, qui ont démontré que certaines toxines du bacille de Koch étaient neutralisées par les sels de chaux ; d'où on pourrait conclure que la présence d'un foyer tuberculeux actif constitue un appel incessant de chaux et, par suite, une cause de décalcification de l'organisme.

Certes, je ne crois pas que la décalcification soit à la base de toute tuberculose; je sais qu'il n'est point nécessaire d'être décalcifié pour faire de la granulie généralisée ; je sais aussi que, chez les sujets qui font de la tuberculose à marche rapide, galopante, ulcéreuse, il y a une décalcification intensive de l'organisme. Mais, est-ce donc parce que les sels de chaux sont employés à fixer sur place les toxines du bacille de Koch ? En admettant qu'ils aient un tel rôle et qu'attirés pour cette neutralisation des toxines ils déterminent, au siège des foyers tuberculeux, la production de ces tubercules crétacés qu'on a considérés comme des tubercules de guérison, le problème ne serait pas résolu, car cet acte de neutralisation des toxines et de fixation des sels de chaux apparaîtrait comme un processus de défense : or, pour se défendre, il faut en avoir les moyens. Où donc cet organisme puisera-t-il ses moyens de défense s'il est déjà en état de spoliation calcaire? Dès lors, le degré de calcification ou de décalcification du terrain ne peut être considéré comme indifférent dans le processus de tuberculisation.

N'est-ce point parce que la *grossesse* a spolié les sources calcaires de la femme enceinte que la tuberculose, qui se déclarera peu après l'accouchement, la trouvera sans défense et suivra le plus souvent une évolution hâtive, galopante, inexorable ? (voir n° 38).

N'est-ce point par un mécanisme analogue que certaines *entéro-colites* sont suivies, à plus ou moins longue échéance, de tuberculose pulmonaire, souvent rapide ? (voir n° 16).

II. — Le rôle du terrain dans l'évolution de la tuberculose

Le rôle du terrain dans l'évolution de la tuberculose doit être étudié à deux points de vue : d'abord au point de vue du déterminisme de la forme clinique que revêt la maladie, ensuite au point de vue du déterminisme des trêves et réveils qui en marquent les étapes.

a) *Le rôle du terrain dans le déterminisme de la forme clinique.* — *Dans la petite enfance*, comment va se comporter, vis-à-vis du bacille de Koch, le sujet qui est tuberculisé ?

C'est très simple ; il va mourir très rapidement, il va faire de la tuberculose généralisée, de la méningite ou l'un de ces processus fébriles rapides qui, si souvent, sont pris pour des états infectieux indéterminés et ne sont, en réalité, que des conséquences d'une septicémie bacillaire.

Prenez *un enfant un peu plus grand,* chez lequel l'inoculation tuberculeuse, moins massive, permet la survie.

Celui-ci fait une forme de tuberculose bien spéciale ; il a déjà une certaine dose d'immunisation ; il réagit en se défendant ; il fait des lésions locales, non seulement dans ses poumons, où elles se cantonnent de préférence dans la région du hile (tuberculose ganglio-pulmonaire), ou à la base, mais encore dans ses ganglions, dans son système osseux ; ainsi naît et se déroule la scrofulo-tuberculose.

Voici, maintenant, *un adulte* qui s'est toujours bien porté apparemment et qui se présente avec des accidents nettement imputables à la tuberculose. Ici, ce n'est plus dans la région ganglio-pulmonaire, c'est aux sommets qu'apparaissent les premiers signes stéthacoustiques.

Cette tuberculose de l'âge adulte n'évolue pas comme celle de la seconde enfance ; elle essaime ; elle envahit progressivement tout le poumon. Tantôt elle brûle les étapes, véritable phtisie galopante ; tantôt elle se fige et demeure indéfiniment torpide. Pourquoi ces évolutions différentes ? Est-ce que cela tient aux propriétés du germe ? C'est possible ; mais la cause en est, à mon avis, beaucoup plus aux propriétés particulières du terrain ; le terrain n'est pas le même dans tous les cas.

Celui-ci est un ancien scrofuleux de l'enfance, qui a eu des ganglions cervicaux suppurés, des écrouelles, une tumeur blanche, et qui fait une tuberculose du poumon ; cette tuberculose va présenter des caractères particuliers : c'est une *phtisie froide*, torpide, indéfiniment durable, et qui doit cette allure clinique précisément à cette immunisation particulière du terrain sur lequel elle se développe.

Souvenons-nous ici des expériences de Rœmer.

Celui-là est un syphilitique. L'infection syphilitique a préparé le terrain pour la graine tuberculeuse ; l'évolution de la tuberculose variera avec les conditions de résistance du terrain, avec l'âge de la syphilis, avec le traitement de celle-ci (voir p. 92).

b) *Le rôle du terrain dans le déterminisme des trêves et réveils de la tuberculose.* — Le rôle du terrain dans l'évolution de la tuberculose apparait plus nettement encore, si on considère les trêves et les réveils de cette affection.

La tuberculose est une maladie de l'enfance ; les tuberculino-réactions ont permis de reconnaître que sur 100 adultes 95 sont tuberculisés ; ceux d'entre eux qui ont résisté n'en conservent pas moins un foyer plus ou moins inactif, source d'immunisation et de sensibilisation à la fois. Si une cause occasionnelle favorisante survient, les bacilles dont ils restent porteurs, les conditions d'imprégnation humorale prédisposante qu'ils présentent, trouvent l'occasion d'entrer en jeu ; ainsi, après une trêve plus ou moins prolongée, éclate un réveil ou, plutôt, une rechute.

C'est pendant les trêves que se prépare cet état allergique, fait à la fois d'immunisation relative et de sensibilisation, dont les expériences de Rœmer nous ont donné une idée expérimentale et que la clinique, longtemps avant, avait enregistré. Marfan, complétant les observations de Bazin sur la phtisie froide des scrofuleux, avait bien montré que les sujets qui avaient été scrofuleux pendant leur enfance, présentaient toutes les chances d'échapper à la contamination tuberculeuse dans l'avenir. Encore faut-il que leur scrofule ne soit pas complètement éteinte ; en effet, combien sont nombreux les adultes porteurs d'écrouelles anciennes complètement sèches et cicatrisées ou d'ankyloses de tumeurs blanches éteintes, qui succombent à la méningite tuberculeuse, beaucoup plus rare chez les phtisiques en évolution. N'est-ce point là une preuve clinique de la sensibilité plus grande d'un organisme autrefois tuberculisé et aujourd'hui complètement guéri, au sens clinique du mot.

Quel est donc le mécanisme pathogénique de ces réveils, de ces rechutes de la tuberculose ?

L'organisme trouve-t-il toujours en lui-même le bacille qui va à nouveau germer et provoquer une nouvelle éclosion de la tuberculose ? Si le fait est possible, il n'est pas constant. On a même actuellement plutôt tendance à considérer que cette réinoculation vient du dehors. Et, ici, prennent place, comme facteurs étiologiques, toutes les circonstances occasionnelles qui peuvent favoriser ces réinfections et dont l'ensemble constitue un des chapitres les plus intéressants de l'étude de la *prophylaxie antituberculeuse.*

Le plus souvent, la rechute est la conséquence d'une série de réinfections successives, de *réinoculations additionnelles,* puisées aux sources des *contagions professionnelles* ou *accidentelles.*

On peut éviter la *réinoculation massive* ; mais, contre les réinoculations minimes, l'attention peut être en défaut ; une petite dose aujourd'hui, une autre demain ; voilà la série des réinfections additionnelles qui, tôt ou tard, provoqueront l'éclosion d'une poussée nouvelle de la tuberculose. Mais, pour que ces réinoculations bacillaires soient suivies d'effet, il faut qu'elles s'exercent sur un terrain préparé. Si on ne fait pas de tuberculose sans bacille, il faut aussi être préparé à recevoir ce bacille. Ici apparaissent les circonstances occasionnelles qui montrent l'importance du terrain.

Quelles sont ces *circonstances occasionnelles* ? Ce sont toutes celles qui favorisent la déchéance du terrain.

Tout d'abord doivent figurer les diverses conditions d'*hygiène défavorable :* alimentation défectueuse, aération insuffisante, surmenage ; à cet égard, la tuberculose des prisonniers mérite une mention spéciale. Ensuite, viennent les conditions d'*âge* et de *sexe* (*chlorose, surmenage scolaire, onanisme, service militaire, mariage, grossesse, allaitement*).

Puis, prennent place certaines *maladies intercurrentes,* telles que la variole (Landouzy), la rougeole, la coqueluche, l'adénopathie trachéo-bronchique, certaines formes d'entérite et d'appendicite chronique, et, surtout, l'*alcoolisme*, la *syphilis*, le *diabète*.

Enfin, il est impossible de ne pas souligner le rôle joué par un facteur occasionnel, autrefois prépondérant à l'excès et dont on a trop négligé l'importance depuis la découverte des microbes : le *froid;* certes, le froid ne suffit pas pour engendrer la bacillose, mais il peut favoriser l'éclosion d'une tuberculose latente.

III. — Le rôle du terrain dans le pronostic de la tuberculose

Il y a des sujets chez lesquels la tuberculose guérit, même spontanément ; ce sont des tuberculeux latents, à l'autopsie desquels on trouve des tubercules crétacés dans les poumons.

Il y a, au contraire, des sujets chez lesquels la tuberculose, soignée pourtant dès ses premières manifestations, poursuit inexorablement sa marche envahissante et progressive.

Ces deux constatations montrent bien la nécessité d'étudier les conditions de gravité et de curabilité qui forment la base du pronostic de la tuberculose dans chaque cas particulier.

Certes, il y aurait beaucoup à dire sur ces conditions de gravité et de curabilité. Les notions que nous venons de passer en revue nous ont permis déjà de les deviner et de comprendre qu'elles devront surtout être appréciées par la recherche des indices qui peuvent renseigner, d'une part, sur le degré de sensibilisation ou d'immunité relative du sujet vis-à-vis du bacille de Koch et, d'autre part, sur le degré de résistance du terrain.

En d'autres termes, on devra s'appliquer à rechercher si le sujet a conservé l'immunité relative qu'il doit à une atteinte antérieure ou si, ayant perdu cette immunité, il se trouve dans les mêmes conditions qu'un organisme neuf que le bacille visite pour la première fois. Il faudra aussi tenir le plus grand compte de la notion des circonstances étiologiques qui auront marqué le début du processus de tuberculisation et favorisé la rupture de l'équilibre d'immunité relative établi depuis la première atteinte, c'est-à-dire le plus souvent depuis l'enfance (bénignité relative de la tuberculose des vieux syphilitiques opposée à la gravité presque constante de la tuberculose post-gravidique).

En définitive, le pronostic de la tuberculose, intimement lié à la connaissance de l'état actuel du terrain, ne peut être établi que par l'emploi des moyens d'information clinique qui permettent d'apprécier les qualités humorales de ce terrain.

Ces moyens sont de deux ordres : les uns se proposent de rechercher l'état d'immunité spécifique antibacillaire, les autres cherchent à établir les qualités humorales bio-chimiques du terrain.

Le premier moyen paraît incontestablement le plus rigoureux. Il repose sur la valeur pronostique des *réactions à la tuberculine* (voir n° 20).

Le second moyen est beaucoup moins direct : il consiste dans la mise en œuvre de tous les procédés d'exploration des principaux organes et des principales fonctions du malade. La valeur pronostique de certains symptômes, de certains troubles morbides, est connue de tous les cliniciens (signification fâcheuse de la fièvre, de l'amaigrissement profond, de l'amyotrophie progressive, de la grande anémie, des troubles digestifs et particulièrement des symptômes d'entérite). Je ferai une place spéciale aux *signes de grande spoliation calcaire* (voir n°s 10 et 28) que dose la phosphaturie, ainsi qu'aux *défaillances de la fonction surrénale* (voir n° 25) que traduit un état d'asthénie profonde et de grande hypotension. On sait combien il est fréquent de noter, chez les tuberculeux, un *abaissement de la tension arté-*

rielle. Cette hypotension, plus ou moins accentuée, mesure, de manière indirecte, l'état de résistance générale du terrain. Les observations personnelles que j'ai recueillies sur ce sujet confirment pleinement les conclusions de Marfan, de Teissier, de Léon Bernard (voir n° 51).

* * *

Les considérations qui précèdent établissent l'importance du rôle du terrain dans la tuberculose, tant au point de vue doctrinal qu'au point de vue pratique. On ne fait pas pousser du blé sur du roc, non plus que le bacille de Koch sur n'importe quel terrain. Il ne suffit pas de semer la graine, il faut qu'elle tombe sur un sol propice. C'est là une loi de biologie générale qui ne saurait être méconnue en pathologie infectieuse et particulièrement en phtisiologie. Il y a des sujets réfractaires et des sujets prédisposés et, pour un même sujet, il y a des périodes d'immunité et des périodes de rupture d'immunité.

Négliger le rôle du terrain dans le processus de tuberculisation est une aberration clinique autant qu'expérimentale.

Si on est bien imprégné de cette idée on attachera une importance capitale aux mesures de prophylaxie individuelle et collective ; on évitera ainsi les causes qui peuvent favoriser la diminution de résistance de l'organisme et on n'attendra pas les signes d'effondrement du terrain pour instituer la thérapeutique tutélaire que réclame l'apparition des premiers indices de cette défaillance.

* * *

La tuberculose chez les soldats, à la suite des traumatismes du thorax.

N° 53. — Ce travail, basé sur une centaine d'observations, est divisé en deux parties : dans la première (voir page 130), j'ai montré *la nécessité préalable d'écarter les erreurs de diagnostic quant à la nature tuberculeuse des accidents thoraciques consécutifs au traumatisme* et j'ai fait voir que le plus grand nombre des observations de tuberculose pulmonaire post-traumatique par blessure de guerre étaient en réalité des observations d'accidents lointains, inflammatoires ou suppuratifs, des blessures de poitrine ; dans la seconde partie, j'ai discuté *dans quelle mesure le traumatisme thoracique peut déterminer ou réveiller la tuberculose.*

Il convient de se souvenir que la portée des expériences de Max Schuller a été singulièrement ébranlée par les recherches de contrôle de Lannelongue et Achard.

D'autre part, il est fort difficile d'apprécier le rôle pathogénique du traumatisme dans le déterminisme d'une tuberculose pulmonaire, sans fixer au préalable le délai qu'on peut admettre comme maximum entre la date du traumatisme et celle des premières manifestations de la tuberculose. Enfin, en admettant que le traumatisme joue un rôle, on doit se demander s'il agit par action directe ou indirectement. Mes observations m'ont permis de constater que le réveil d'une tuberculose pulmonaire de l'adulte par un traumatisme est tout à fait exceptionnel et que, lorsque le traumatisme peut être incriminé, son intervention est indirecte ; c'est en altérant l'état général du sujet, épuisé par une longue suppuration, confiné dans l'air vicié d'une salle d'hôpital, souvent contaminé par un voisin, qu'agit le traumatisme thoracique, tout comme le traumatisme des membres, et non point parce qu'il a touché le thorax. Cependant, dans quelques cas rares, on peut voir, non pas une blessure pénétrante, mais une forte contusion de la paroi, marquer le réveil d'une tuberculose endormie. Ces conclusions ont été confirmées par la discussion qui s'est élevée sur ce sujet à la Société médicale des Hôpitaux, en juillet 1916, à la suite de mon mémoire.

III. — PRONOSTIC ET TRAITEMENT

(Voir les nos *15, 18, 28, 41, 51* et *62*.)

N° 51. — Dans ce mémoire j'ai réuni quatre conférences faites à l'hôpital de la Charité au printemps de 1914. Je me suis attaché tout d'abord à montrer l'*importance du pronostic dans la tuberculose pulmonaire*, tant *au point de vue social* (assurances, accidents du travail, déclaration obligatoire) qu'au *point de vue individuel* (suspension des études, du travail, de la carrière, de la profession, d'une grossesse, etc.) et j'ai montré que cette discussion était étroitement liée à celle de la curabilité de la tuberculose. Ceci étant posé, j'ai fait ressortir *la nécessité de discuter la valeur des éléments du pronostic.*

Or, ceux-ci peuvent être tirés, soit des conditions antérieures du terrain, soit des conditions actuelles d'évolution de la maladie.

1° *Éléments du pronostic tirés des conditions antérieures du terrain* (voir pour l'étude du terrain le n° 46) c'est-à-dire des prédispositions, lesquelles sont commandées par trois facteurs principaux :

a) *L'état social* (bien-être, profession, climat, altitude) ;

b) *L'état physiologique* (état psychique, âge, sexe) ;

c) *L'état pathologique antérieur* (hérédité, antécédents tuberculeux personnels, maladies associées aiguës, maladies chroniques favorisantes ou antagonistes).

2° *Éléments de pronostic tirés des conditions actuelles de la maladie :*

a) *Les uns sont tirés des caractères symptomatiques et de l'évolution clinique observés au lit du malade :*

valeur du *mode de début*, aigu ou sournois, fébrile ou apyrétique, par hémoptysie ;

valeur des *signes physiques* (localisation, limitation, dissémination) ;

valeur des *signes fonctionnels* (expectoration, toux, dyspnée) ;

valeur des *signes généraux* (fièvre, transpiration, état des fonctions digestives, des fonctions circulatoires, surtout de la tachycardie et du degré de la tension artérielle) ;

valeur des *différentes formes cliniques* (aiguës ou chroniques) ;

b) *D'autres sont tirés des réactions humorales :*

valeur du *séro-pronostic* d'Arloing, Bayer et Dumarest ;

valeur de la *réaction de fixation* de Widal et Le Sourd ;

valeur de l'*indice opsonique*, attestée par Küss ;

valeur de la *tuberculino-réaction* (voir n° 20).

Ces diverses réactions humorales, si elles ont une valeur au point de vue du pronostic immédiat de l'état actuel, ne permettent nullement des conclusions à longue portée.

c) *D'autres, enfin, sont tirés des constatations faites au laboratoire:*

valeur de l'*indice respiratoire* (mensuration, spirométrie) ;

valeur de l'*examen radiologique* (extension et dissémination des lésions) ;

valeur du *chimisme respiratoire* (Albert Robin) ;

valeur de l'*examen des urines* et notamment du dosage de la *phosphaturie* et de la *calciurie*, de la réaction de Moritz-Weiss, des *décharges bacilluriques ;*

valeur de l'*examen des crachats* (quantité, cytologie, nombre et caractères des bacilles de Koch).

De cette étude critique, appuyée sur des constatations personnelles nombreuses, j'ai cru pouvoir dégager les données suivantes :

tout d'abord l'importance des notions que nous pouvons recueillir sur l'*état du terrain antérieur;*

ensuite la valeur des indications fournies par l'*etat de la tension artérielle* et par les *résultats de la tuberculino-réaction* (cuti-pronostic). Si la tension est normale et la réaction franche le pronostic est *actuellement* favorable. Si la tension est basse et la réaction faible ou nulle, le pronostic est défavorable.

En prenant comme base essentielle du pronostic ces deux éléments d'information, on pourra, en s'aidant en outre des autres moyens d'appréciation, parvenir à une interprétation assez probable.

N°s 15 et 28. — La *cure de recalcification* ne consiste pas simplement à administrer des sels de chaux. « Il ne s'agit pas seulement de prendre de la chaux, il faut la garder », a fait judicieusement remarquer Ferrier, lorsqu'il a proposé comme thérapeutique de la tuberculose la médication recalcifiante qui porte, à juste titre, son nom.

Convaincu de l'efficacité de cette cure par les observations que Ferrier me demanda de contrôler avec lui à l'origine de ses recherches, je me suis attaché à la vulgariser, à préciser certaines de ses applications et je crois l'avoir utilement complétée en lui associant l'opothérapie surrénale pour en faire ce que j'ai appelé le *traitement surréno-calcique* (voir n°s 18 et 41).

I. *Terrain tuberculeux. Déminéralisation et décalcification.* — L'application de cette méthode thérapeutique n'a pas peu contribué, par ses heureux résultats, à faire renaître d'un oubli incompréhensible la notion si importante du rôle du terrain dans le processus de tuberculisation.

La théorie de Ferrier consiste essentiellement à limiter au processus de décalcification l'idée de déminéralisation générale placée par le professeur Albert Robin à l'origine de la tuberculisation. Elle a eu pour point de départ trois ordres de constatations :

1° la fréquence des *tubercules crétacés* dans les poumons des vieillards qui ont succombé à une affection autre que la tuberculose;

2° la coïncidence de *poussées aiguës pulmonaires* avec des *poussées de carie dentaire;*

3° la coïncidence de ces deux ordres de poussées avec des crises de *phosphaturie abondante.*

Ces constatations sont corroborées par certaines données géologiques et professionnelles; *la tuberculose est beaucoup plus fréquente dans les zones granitiques et à eaux peu calcaires;* elle tend à disparaître dans les régions où se construisent des fours à chaux (Rénon). Elles trouvent une confirmation dans la clinique, qui établit, comme je l'ai montré, le rôle de *certains états physiologiques* (grossesse) ou *pathologiques* (entérites, hyperacidité gastrique, altérations du foie et des glandes vasculaires sanguines) dans le processus de décalcification et de tuberculisation.

II. *Technique générale de la cure.* — La cure de recalcification est basée sur deux conditions connexes, également importantes; tout d'abord, elle doit s'opposer à toutes les causes de spoliations calcaires; ensuite, elle vise à réparer les pertes déjà subies en introduisant dans l'organisme des sels de chaux susceptibles de s'y fixer.

La condition essentielle pour s'opposer aux spoliations calcaires, c'est de *combattre les fermentations gastro-intestinales,* lesquelles sont surtout provoquées par *la suralimentation,* par *l'irrégularité des heures des repas* et *l'insuffisance des intervalles qui les séparent* et par la nature de *certains aliments* ou *médicaments* (corps gras, huile de foie de morue, médicaments acides, ferments lactiques). Un *régime alimentaire* spécial, basé sur ces données, est de toute nécessité.

Pour assurer la recalcification on s'adressera à des sels de chaux assimilables et susceptibles de se fixer dans les tissus. La formule de Ferrier est classique. Dans certaines poussées aiguës on la corsera en ajoutant une solution de chlorure de calcium.

La fixation de la chaux est favorisée par l'association de l'*adrénaline* (voir n°s 18 et 41).

III. *Indications et résultats de la cure.* — La cure est indiquée dans toutes les causes de décalcification. Celles-ci peuvent être rangées en quatre catégories :

1° *Décalcification par recettes insuffisantes de chaux* (régime alimentaire pauvre en chaux, surtout pour ce qui est du pain et de l'eau, eau bouillie notamment);

2° *Décalcification par dépenses physiologiques exagérées de chaux* (dentition, croissance, grossesse, lactation);

3° *Décalcification par absence pathologique de fixation de la chaux* (rôle du foie et des glandes vasculaires sanguines, notamment du corps thyroïde et des glandes surrénales dans le métabolisme du calcium);

4° *Décalcification par éliminations pathologiques de la chaux* (dépression nerveuse, neurasthénie, — maladies de la nutrition : ostéomalacie, diabète, oxalémie, — affections du tube digestif et des glandes annexes : pancréas, — syphilis et traitement mercuriel, — tuberculose).

IV. *Résultats de la cure dans la tuberculose.* — L'efficacité de la cure ne se limite pas à la tuberculose pulmonaire, mais s'étend à la plupart des localisations tuberculeuses. Dans la tuberculose pulmonaire elle se manifeste, d'une part, par une *influence rapide sur l'état général et les troubles fonctionnels*, surtout sur les troubles digestifs, d'autre part, par une *influence moins constante et plus lente sur les lésions locales*, influence subordonnée au degré des lésions et à la forme de la maladie.

La cure de recalcification, chez les décalcifiés et, notamment, chez les tuberculeux, est le traitement de fond ; elle n'exclut pas, d'ailleurs, les médications associées. Si on considère que, dans le processus de décalcification, deux conditions combinent parallèlement leur action : la préparation du terrain et l'ensemencement bacillaire, on conçoit aisément qu'à côté des médications qui visent à modifier la réceptivité morbide organique doivent prendre place celles qui tendent à détruire le bacille ou, du moins, ses effets toxiniques.

N°s 18 et 41. — On peut, d'une façon générale, résumer sous trois chefs principaux les applications de *l'opothérapie surrénale dans la tuberculose :*

1° *L'opothérapie surrénale dans l'insuffisance surrénale des tuberculeux.* (Voir première partie.)

On sait que les lésions des capsules surrénales sont très fréquentes chez les tuberculeux (tuberculose capsulaire proprement dite, surrénalites scléreuses). Ici, l'opothérapie surrénale est indiquée comme traitement de l'insuffisance surrénale et non point comme adjuvant du traitement de la tuberculose.

2° *Les propriétés toni-cardiaques et vaso-constrictives de l'adrénaline utilisées dans la tuberculose.* — Comme tonique cardiaque l'adrénaline peut rendre de grands services ici comme dans tous les cas d'asthénie cardio-vasculaire.

Comme hémostatique, elle a été employée contre l'hémoptysie par Souques et Morel, Vaquez. Cette pratique a été abandonnée, l'adrénaline, de par ses propriétés vaso-constrictives, étant un hypertenseur et, comme tel, favorisant les hémorragies pulmonaires. Pour ma part, je la supprime du traitement surréno-calcique à la moindre alerte d'hémoptysie.

3° *L'adrénaline donnée comme adjuvant de la recalcification dans le traitement de la tuberculose* (mon traitement surréno-calcique).

Deux considérations m'ont conduit à cette application pratique :

a) Les cas de guérison du rachitisme et de l'ostéomalacie par l'adrénaline (Stolzner, Bossi, Léon Bernard) ;

b) La consolidation plus rapide et plus exubérante des fractures expérimentales chez l'animal soumis à la cure adrénalinique (Carnot et Slavu).

Les résultats que j'ai obtenus ont été confirmés par nombre d'auteurs, notamment par Silvestri. Ils sont dus à l'action de l'adrénaline dans la fixation des sels de chaux. Cette fixation est prouvée par les recherches qui ont été faites dans mon service. Nous avons mesuré l'élimination calcique indirectement par le dosage de la phosphaturie, en dosant celle-ci avant tout traitement, puis, pendant le traitement de recalcification simple, et, enfin, pendant le traitement surréno-calcique ; nous avons constaté que les chiffres les plus bas correspondaient aux périodes de traitement surréno-calcique.

Le traitement surréno-calcique doit être réglé suivant certaines indications tirées de l'âge du sujet, de la forme de la tuberculose. Il doit être intermittent, pour éviter les poussées congestives et les altérations vasculaires.

N° 62. — Ces deux observations sont intéressantes à un double point de vue ; d'abord, elles viennent en confirmation du rôle « providentiel » que joue souvent le pneumothorax dans l'évolution de la tuberculose; en second lieu, elles montrent qu'en entretenant le pneumothorax artificiel, alors que la maladie est devenue une pleurésie purulente tuberculeuse, on favorise l'épuisement et la guérison par symphyse de cette pleurésie intarissable. En cela elles confirment la pratique des insufflations d'air dans le traitement des pleurésies (Potain, Vaquez...) et soulignent l'intérêt qu'il peut y avoir à associer à l'action mécanique de *l'insufflation intra-pleurale* l'influence antiseptique obtenue en faisant barboter l'air dans des flacons contenant du *goménol*.

CHAPITRE II

MALADIES NON TUBERCULEUSES DES VOIES RESPIRATOIRES

Les fausses guérisons par vomique dans la pleurésie interlobaire métapneumonique.

(*Presse médicale*, 22 août 1900.)

On admet généralement que la pleurésie interlobaire métapneumonique est le triomphe de la vomique, tant sont nombreux les cas qui paraissent guérir radicalement par ce procédé naturel.

Or, en dépit des garanties qu'il est classique d'exiger d'elle, la vomique la plus franche en apparence n'est quelquefois, souvent peut-être, qu'un faux témoin qui ne mérite aucun crédit. *Elle préside souvent au diagnostic, rarement à la guérison.* Elle peut entraîner à sa suite un optimisme dangereux, en autorisant, *par sa franchise apparente*, l'idée d'une guérison radicale et définitive, alors qu'elle n'a produit qu'une *accalmie trompeuse* et plus ou moins durable, ainsi que le montre clairement l'observation d'une malade que j'ai pu suivre pendant dix-huit mois.

Manuel de thérapeutique de MM. Debove et Achard.

Article : *Traitement des maladies de la plèvre.*

L'inégalité pupillaire dans les affections pleuro-pulmonaires.

(*Progrès médical*, 11 mai 1912.)

L'inégalité pupillaire, lorsqu'elle ne s'accompagne pas de modifications des réflexes d'accommodation de la pupille, est loin d'être un indice révélateur de syphilis, comme on le croit trop souvent. Elle peut se rencontrer dans des circonstances pathologiques très variées et, notamment, dans les affections pleuro-pulmonaires, aiguës ou chroniques. Cette variété a été bien étudiée par Massalongo, dans la pneumonie, par Chauffard et Lœderich dans la pleurésie, par Souques dans la tuberculose du sommet avec symphyse pleurale. Il est intéressant d'en préciser les caractères cliniques et d'en étudier le mécanisme pathogénique.

Dans une première variété elle est le seul symptôme : il n'y a ni troubles vaso-moteurs de la pommette et de l'oreille, ni aucun autre symptôme local.

Dans une seconde variété, celle qu'a étudiée Souques, elle se présente avec les caractères du *syndrome oculo-pupillaire* des neurologistes (myosis du côté malade avec diminution de la fente palpébrale et rétraction du globe oculaire).

Dans une troisième variété, à ce même syndrome s'ajoutent des troubles vaso-moteurs de la pommette et de l'oreille.

Enfin, dans une quatrième variété, que j'ai isolée, le syndrome est constitué par une *dilatation de la pupille* associée à des troubles vaso-moteurs mais sans syndrome oculo-palpébral. Cette variété s'observe surtout dans la tuberculose torpide avec réactions pleurales et médiastinales ; les troubles vaso-moteurs précèdent de plusieurs mois, et même de plusieurs années, la dilatation pupillaire.

*
* *

Trois théories ont été mises en avant pour expliquer la pathogénie de ces inégalités pupillaires.

1° La *théorie anatomique* est basée sur les notions anatomiques et physiologiques sur le sympathique, le premier ganglion thoracique, le troisième ganglion cervical, les filets pupillo-dilatateurs inclus dans les *rami-communicantes* de ces ganglions ; toute cette région est en contact intime avec le dôme pleural ; suivant que la lésion portera sur tout ou partie de ces organes elle produira l'inégalité pupillaire simple, ou l'inégalité avec troubles vaso-moteurs, ou tout le syndrome oculo-pupillaire complet de Mme Déjerine.

La variété que j'ai décrite, et qui se rencontre surtout dans les tuberculoses fibreuses et les médiastinites, s'explique par le fait que ces lésions s'accompagnent presque toujours d'une adénopathie hilaire ; celle-ci peu à peu altère et détruit les *ramicommunicantes* et le tronc sympathique à ce niveau : ainsi surviennent les troubles vaso-moteurs ; puis, gagnant de proche en proche, l'inflammation atteint la zone des filets pupillo-dilatateurs et, de leur irritation, naît la dilatation pupillaire.

2° La *théorie réflexe*, invoquée par Chauffard et Lœderich, est basée sur la loi de Schiff, d'après laquelle toute excitation sensitive périphérique provoque la dilatation irienne ; cette théorie s'applique bien aux cas dans lesquels la lésion ne siège pas dans la région du sommet, tel l'épanchement pleural, qui, précisément, s'accompagne de dilatation de la pupille du côté malade et non de myosis.

3° La *théorie infectieuse*, soutenue par Massalongo, s'appuie sur ce fait qu'on trouve l'inégalité pupillaire dans les maladies infectieuses qui ne s'accompagnent pas de lésions pleuro-pulmonaires.

*
* *

Quoi qu'il en soit des théories, l'inégalité pupillaire est un symptôme très intéressant et très important des affections pleuro-pulmonaires. J'ai montré la place qu'il convient de lui accorder dans le *syndrome de la pleurite du sommet* où il constitue, *avec l'adénite sus-claviculaire* et *les rugosités pleurales*, une triade symptomatique très caractéristique (voir page 87).

Technique clinique médicale et séméiologie élémentaires (1913), publiées sous ma direction (voir page 6).

Article : *Appareil respiratoire*.

(La 3e édition vient de paraître, A. Maloine et fils, édit.).

Le point de côté abdominal et le diagnostic des affections pleuro-pulmonaires aiguës de l'adulte.

(*Journal des Praticiens*, 9 juillet 1913.)

Le diagnostic des affections pleuro-pulmonaires aiguës de l'adulte est parfois rendu d'une difficulté très grande par l'existence d'un point de côté abdominal qui siège le plus souvent dans la fosse iliaque et, si la maladie est à droite, détourne l'attention de la plèvre et du poumon pour l'attirer sur l'appendice ainsi que l'a si bien signalé mon ancien élève, le Dr Mirande, dans sa thèse : *Syndrome appendiculaire sans lésions de l'appendice dans les affections thoraciques* (Paris, 1900).

Ce point de côté abdominal se voit surtout dans l'*enfance*, et particulièrement dans la *pneumonie* (Comby, Hutinel), et dans la *pleurésie* (Comby, Sevestre...). Chez l'*adulte*, on ne le voit guère que dans la pneumonie ; il est beaucoup plus rare dans la pleurésie.

Par un examen clinique attentif on peut éviter l'erreur de diagnostic. Ce point douloureux a le même siège que celui de l'appendicite, et ne s'accompagne, en général, d'aucune douleur thoracique ; mais il est plus superficiel : il consiste surtout en une vive hyperesthésie de la paroi et n'est nullement exagéré par la palpation profonde ; le facies, la courbe thermique sont ceux de la pneumonie ; enfin, rapidement, l'examen thoracique révèle des signes pulmonaires.

Parfois, d'ailleurs, l'appendicite existe réellement (Daussy) ; ici la pneumonie est une complication surajoutée.

Quand l'appendicite n'est qu'apparente, la pathogénie trouve son explication dans une notion bien étudiée par Mirande : le point de côté d'une pneumonie ne serait pas dû à l'irritation pleurale ; il existe dans les pneumonies centrales ; si on tient compte que l'irritation d'un filet splanchnique se transmet par l'intermédiaire des *ramicommunicantes* et que, d'autre part, la moelle peut être physiologiquement décomposée en segments métamériques (théorie de Head), on comprend que, si une irritation splanchnique d'origine pulmonaire est transmise à l'un de ces segments, elle se réfléchisse sur les fibres nerveuses intercostales émanant de ce segment ou même d'un segment voisin. Aussi bien, suivant le siège de la pneumonie, un segment métamérique plus ou moins haut situé sera-t-il le siège d'irradiations dans les nerfs intercostaux correspondants. Or, le douzième nerf intercostal a des terminaisons abdominales qui s'arborisent dans la sphère cutanée de la région iliaque. Notons, d'ailleurs, que le point de côté abdominal ne s'observe jamais dans les lésions pleuro-pulmonaires du sommet.

Du point de vue pratique cette étude comporte des déductions de la plus grande importance, tant pour le diagnostic que pour la thérapeutique.

1° Surveiller l'appendice des pneumoniques et des pleurétiques qui souffrent du ventre.

2° Ausculter attentivement le poumon dans tous les cas de syndrome appendiculaire.

3° Distinguer le syndrome appendiculaire de l'appendicite vraie.

Influence des traumatismes sur les épanchements pleuraux.

(Thèse de Bénard, Paris 1914.)

Consulter en outre mes diverses publications sur la *Syphilis des voies respiratoires* (voir le chapitre Syphilis et tuberculose, page 92) et mes *Publications de guerre* (voir la troisième partie).

TROISIÈME PARTIE

PATHOLOGIE DE GUERRE

On trouvera groupées dans divers chapitres le plus grand nombre de mes publications de guerre :

Dans la *première partie*, les travaux sur *l'Insuffisance surrénale et la guerre*.

Dans la *deuxième partie*, les travaux sur *la Tuberculose et la guerre* (n°s 53, 54, 55, 57, 59, 61, 64, 67, 68).

Dans ce chapitre sont réunis quelques travaux spéciaux qui n'ont pas trouvé place dans les autres parties de cet exposé.

I. — LES GAZ ASPHYXIANTS

Note sur quelques effets cliniques des gaz asphyxiants.

(*Société médicale des Hôpitaux*, 5 novembre 1915),
en collaboration avec M. Agnel.

Cette note est le résultat d'observations faites sur des malades intoxiqués par les premiers gaz asphyxiants des Allemands. Les accidents peuvent être groupés en deux grandes catégories pathogénétiques : les uns, qu'on peut dire *locaux* ou *traumatiques* ou *caustiques*, sont imputables à l'action irritante directe des gaz sur les muqueuses; les autres, qu'on pourrait dire *généraux* ou *toxiques*, sont imputables aux conséquences humorales et viscérales de l'absorption de ces gaz.

Le mode évolutif de ces effets cliniques peut être divisé, synthétiquement, en trois stades successifs : accidents immédiats, accidents consécutifs, accidents tardifs.

Les *accidents immédiats* comprennent l'ensemble des manifestations locales d'irritation portant sur les muqueuses et, particulièrement, sur les muqueuses des voies respiratoires et digestives (larmoiement, éternuement, épistaxis, toux, dyspnée, suffocation, expectoration spumeuse, hémoptysie, vomissements, hématémèses, — suivant l'intensité) et l'ensemble des accidents toxiques bulbo-protubérentiels du premier moment (syncope, céphalée, vertiges, asphyxie locale des extrémités, palpitations).

Les *accidents consécutifs* comprennent, parmi les accidents caustiques, les conjonctivites, les ulcérations nasales, les lésions pulmonaires en foyer, les troubles dyspeptiques, et, parmi les accidents toxiques, les altérations sanguines (purpura, ictère hémolytique) les altérations viscérales (hépatite, néphrite, surrénalite).

Les *accidents tardifs* comprennent, parmi les accidents locaux, les séquelles durables de bronchite, l'emphysème, les réveils de tuberculose, et, parmi les accidents toxiques, les mêmes lésions viscérales que ci-dessus, lorsqu'elles s'installent et deviennent chroniques.

Depuis ces premières observations j'ai pu en suivre un grand nombre d'autres, ayant été chargé de la direction d'un service spécial ouvert au Vésinet.

J'ai pu constater là, sur des malades évacués directement du front, des accidents analogues aux précédents et voir certaines variétés cliniques suivre la variabilité des gaz employés. Les derniers cas que j'ai observés (gaz moutarde) étaient remarquables par les brûlures des parties humides de la peau et par la pigmentation consécutive et tenace. J'ai vérifié la fréquence des séquelles asthéniques avec hypotension et leur amélioration par l'opothérapie surrénale. Enfin, j'ai constaté l'extrême rareté des cas de tuberculose ; un examen complet montre que, chez les anciens intoxiqués, les signes de catarrhe bronchique et d'emphysème, qui persistent pendant des mois dans nombre de cas, n'ont aucun caractère spécifique. Lorsque le réveil de tuberculose survient, il est précoce, suit d'assez près l'intoxication et revêt, en général, une marche rapide, ainsi que Gouget l'a signalé depuis.

II. — CONTRIBUTION A L'ÉTUDE DES PLAIES DE POITRINE

1. Plaie pénétrante de poitrine par balle. Pneumothorax et emphysème partiel sous-cutané tardif. Sutures du poumon. Guérison.

(*Société médicale des Hôpitaux*, 18 juin 1915),
en collaboration avec le Dr Beaussenat.

2. Les plaies pénétrantes de poitrine et, particulièrement, leurs phases secondaires et lointaines. Notes cliniques et thérapeutiques sur cent cas observés à l'hôpital complémentaire de l'asile national du Vésinet.

(*Journal de Médecine et de Chirurgie pratiques*, 25 janvier 1917), en collaboration avec le Dr Lechevallier.

3. Troubles fonctionnels imputables à la lésion du plexus cardiaque et des nerfs du médiastin chez les blessés de poitrine.

Lecture faite à l'Académie de Médecine, le 12 juin 1917 et mémoire publié dans les *Annales de médecine*, n° 5, 1917, en collaboration avec les Drs P. Pruvost et Labro.

Les fonctions militaires dont j'ai été chargé m'ont permis de suivre un nombre assez considérable de blessés de poitrine et, particulièrement, de blessés déjà anciens, dont beaucoup étaient soumis à mon examen comme suspects de tuberculose, sinon comme tuberculeux. C'est ainsi, précisément, que je fus amené à reconnaître, (voir deuxième partie, n° 53) que la tuberculose dite traumatique était exceptionnelle et que la majorité des observations sur lesquelles s'appuyait cette théorie étaient en réalité des manifestations des séquelles banales du traumatisme pleuro-pulmonaire.

L'étude des séquelles des plaies pénétrantes de poitrine nécessite une collaboration intime du médecin et du chirurgien. Elle exige une connaissance approfondie de la séméiologie physique, fonctionnelle et générale de l'appareil respiratoire autant qu'une expérience consommée des techniques d'examen et des procédés opératoires. Le concours de l'exploration radiologique est ici d'une importance capitale (voir n° 2).

Les données de cette étude peuvent être groupées sous quatre rubriques : Stade secondaire de l'évolution des plaies de poitrine. Séquelles tardives des plaies de poitrine. Tuberculose et plaies de poitrine. Corps étrangers intra-pulmonaires.

1° Stade secondaire de l'évolution des plaies de poitrine

Parmi les *complications pleurales*, l'*hémothorax* est l'une des plus fréquentes (18 cas p. 100), tandis que la *pleurésie séro-fibrineuse* est très rare (2 cas).

Comme *complications pulmonaires*, l'*hémoptysie secondaire*, récidivante, est extrêmement fréquente ; viennent ensuite les *bronchites* et les *broncho-pneumonies* dont la fréquence s'explique par la fragilité toute spéciale de ces malades, qui supportent très mal les déplacements et les refroidissements.

La *suppuration pleurale* est la règle chez les sujets qui ont été opérés dès le premier moment et arrivent à l'arrière avec une plèvre drainée ; elles sont très durables. Dans cinq cas se sont développées secondairement des *pleurésies purulentes interlobaires ;* dans trois cas, des *pleurésies enkystées de la grande cavité*. Dans un cas nous avons observé un *abcès pulmonaire*, chez un sujet dont le sommet avait été traversé par une balle et qui, étant donné le siège des signes physiques, fut longtemps considéré comme tuberculeux cavitaire ; l'intervention chirurgicale le guérit complètement.

2° Séquelles tardives des plaies de poitrine

Abstraction faite des *lésions pariétales* durables (brides cicatricielles, ostéites et trajets fistuleux...), il faut faire une place importante aux *adhérences pleurales*, aux *symphyses* et *pachy-pleurites* avec déformation typique de l'image radiologique du diaphragme, aux *bandes de sclérose pulmonaire* sur le trajet qu'a suivi le projectile, aux îlots de réaction inflammatoire chronique sclérosante entourant un corps étranger resté inclus.

L'observation que j'ai suivie avec Beaussenat et qui nous a donné un si beau succès opératoire est encore unique ; elle mérite une mention spéciale, comme type de séquelles aseptiques d'un hémo-pneumothorax terminé par *emphysème sous-cutané* tardif, du fait de la persistance, sous la cicatrice cutanée, d'un trajet de communication entre la cavité pleurale et le tissu cellulaire sous-cutané, la persistance de ce trajet étant assurée par une esquille osseuse costale (voir n° 1). Les *lésions médiastinales* (médiastinite, adénopathies) ne sont point rares. Fort souvent même (voir n° 3) d'anciens blessés de poitrine se plaignent de tendance à l'oppression, de palpitations, de douleurs thoraciques, alors que l'examen le plus complet ne décèle aucun signe physique de lésion du cœur ou du péricarde, des poumons ou de la plèvre. Il ne faut pas se hâter de les considérer comme des exagérateurs, sinon comme des simulateurs ; en réalité, un examen bien fait permet de constater chez eux l'existence de symptômes dus à une lésion du *sympathique* ou du *pneumogastrique* (état du rythme respiratoire, recherche de la résistance cardiaque de Lian, du réflexe oculo-cardiaque, instabilité du pouls, arythmie cardiaque, inégalité et instabilité pupillaires, signes d'hypertrophie et

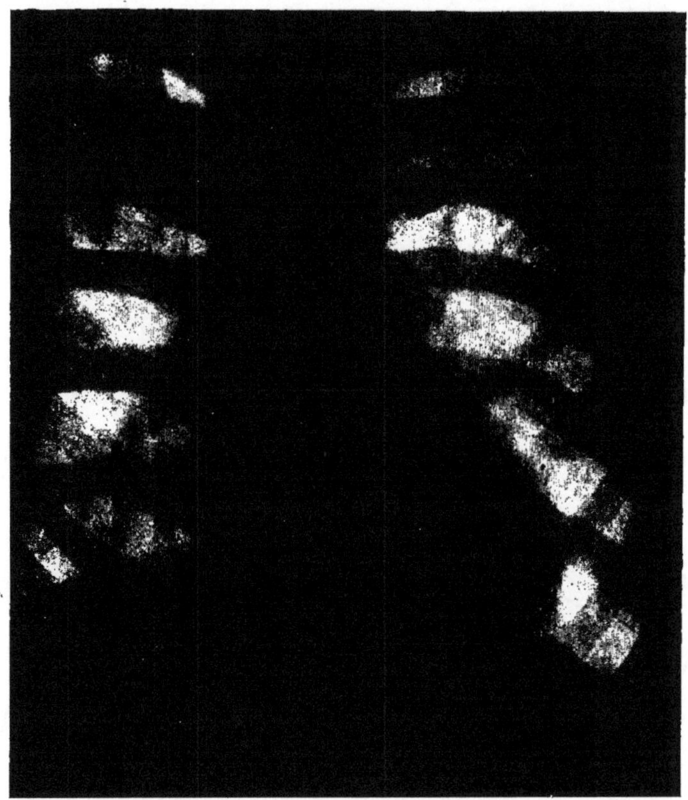

Fig. 7. — Radiographie montrant le corps étranger près de la base du cœur.

d'hyperfonctionnement thyroïdien), ou de symptômes dus à une lésion du *phrénique* (points douloureux spéciaux, immobilisation du diaphragme). Dans certains cas on peut s'assurer que le projectile est resté inclus et on le découvre dans la région des vaisseaux de la base et du *plexus cardiaque* (fig. 7 et 8). Lorsque le projectile est sorti, on peut admettre qu'il a lésé ces nerfs en passant ; en pareil cas, il est permis d'escompter l'amélioration progressive des troubles fonctionnels par suite de la réparation des nerfs lésés. Quand le projectile est resté inclus on peut se demander si les dangers courus par l'extraction ne sont pas plus grands que ceux qui résultent de sa présence.

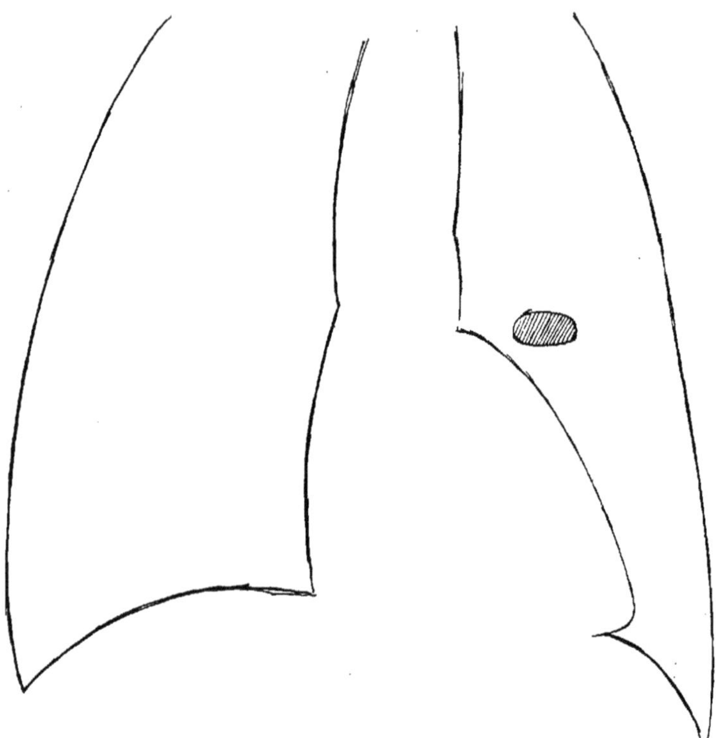

Fig. 8. — Orthodiagramme du même blessé que celui de la figure 7.

3° Tuberculose et plaies de poitrine

Sur nos cent cas de plaies de poitrine, le diagnostic de tuberculose a été porté treize fois ; dans un *seul* cas il était exact ; dans les douze autres il résultait d'une confusion tenant aux analogies symptomatiques, tant fonctionnelles (douleurs thoraciques, dyspnée, toux, hémoptysie) et générales (fièvre, cachexie, amaigrissement) que stéthoscopiques et radiologiques (signes de condensation, signes cavitaires, signes de pleurite apicale...). Mais ces analogies ne résistent pas à la critique d'un examen bien fait par un clinicien averti, qui demande des signes de certitude et ne s'en tient pas à des approximations (voir deuxième partie).

4° Corps étrangers intra-pulmonaires

La présence d'un corps étranger dans le poumon peut n'entraîner aucun trouble. J'ai vu des sujets qui ignoraient la présence d'un projectile dans leur poumon et ne s'en plaignaient point. D'autres, au contraire, qui savent que le projectile est resté inclus, se plaignent « d'avoir mal à leur corps étranger ». Abstraction faite des exagérateurs et des simulateurs, il faut reconnaître que les corps étrangers intra-pulmonaires peuvent provoquer différents troubles, tels que les *hémoptysies persistantes*, les *réactions inflammatoires locales*, les *troubles fonctionnels neuro-cardiaques* que nous avons rappelés plus haut.

Avant de décider l'*extraction opératoire* il faut se demander si elle est simple et sans danger et si elle sera efficace. Nombreux sujets conservent, à la suite de l'extraction, des douleurs névritiques locales, des séquelles opératoires qui sont plus pénibles que les troubles pour lesquels ils ont été opérés. Les indications opératoires sont, d'après mes observations, rares, presque exceptionnelles; les seules qui soient formelles sont les fistules pulmonaires persistantes, les hémoptysies graves par leur abondance ou leur répétition, les suppurations pulmonaires.

III. — RAPPORTS A M. LE SOUS-SECRÉTAIRE D'ÉTAT DU SERVICE DE SANTÉ MILITAIRE

1. Réflexions et propositions sur la réforme des militaires tuberculeux. Importance des « centres de triage ». Application à la réorganisation du fonctionnement et de la composition des commissions de réforme en général (5 mai 1916).

Dans ce rapport j'envisage une série de propositions qui soulèvent, certes, une question d'un poids énorme et nécessiteraient une modification radicale des lois et règlements en vigueur. Elles éviteraient de nombreuses erreurs et de regrettables pertes de temps. J'ai confiance dans l'avenir qui démontrera la nécessité de les appliquer.

2. Sur un dispositif spécial des baraquements destinés à la cure des tuberculeux en hôpital-sanatorium de fortune. La galerie de cure adossée à la baraque.

(Musée du Val-de-Grâce, mars 1917.)

Ce dispositif consiste à adosser directement à la baraque une petite galerie de cure (fig. 9) pouvant contenir vingt chaises-longues,

Fig. 9. — Baraque avec sa galerie de cure adossée.

c'est-à-dire exactement autant de chaises-longues qu'il y a de lits dans la baraque. Il a l'avantage d'être très économique puisque l'une des parois de la baraque sert en même temps de fond à la galerie de cure. Il a également l'avantage d'assurer, en hiver, une température plus supportable aux malades qui font la cure, puisque la galerie reçoit une partie de la chaleur de l'intérieur de la baraque. Il a enfin l'avantage de permettre le passage direct de la chambre-baraque à la galerie de cure : les malades évitent ainsi la pluie et l'humidité du sol, inconvénients auxquels ils sont soumis s'ils doivent se rendre de leur baraque (fig. 10) à la galerie de cure (fig. 11) si celle-ci est distante et installée en une autre partie du parc.

Fig. 10. — Baraque simple sans galerie de cure adossée.

Ces galeries adossées ne peuvent enlever ni lumière ni air à l'intérieur des baraques si on prend soin de donner à leur toiture une inclinaison suffisante.

3. Du choix de l'emplacement pour l'hôpital sanitaire type (altitude, latitude, superficie, contenance optima).

(Rapport demandé pour la réunion des médecins-chefs des hôpitaux sanitaires, sous la présidence de M. Justin Godart, au Val-de-Grâce, le 17 mai 1917.)

4. Sur le fonctionnement du centre de triage la Charité — le Vésinet en 1916-1917 (26 décembre 1917).

Ce rapport complète les résultats que j'ai apportés dans mon premier travail, en collaboration avec Delamare (voir p. 76). Il est le résumé des enseignements cliniques médico-militaires que j'ai réunis dans toute la série de mes publications de guerre sur la tuberculose.

Fig. 11. — Galerie de cure isolée.

Il souligne l'importance de la notion des *faux tuberculeux* et met en évidence la nécessité qui s'impose de tenir compte de l'extrême difficulté du pronostic de la tuberculose, bien connue de tous les médecins et de tous les phtisiologues; or la récupération des tuberculeux, non pas guéris, mais en *état de guérison apparente*, a pour base cette notion du pronostic ; on conçoit à quelles erreurs elle est exposée et quelle prudente réserve elle exige.

IV. — ARTICLES PUBLIÉS DANS « LE FIGARO »

Sous la signature « Un prévoyant ».

1° Pour nos malades des armées (7 octobre 1914).

2° Les hôpitaux de l'Assistance publique et la mobilisation (4 février 1915).

3° La tuberculose et la guerre (15 avril 1915). (Reproduit dans le *Journal de Méd. et de Chir. pratiques*, le 25 mars 1916.)

QUATRIÈME PARTIE

TRAVAUX SUR LES DIFFÉRENTES BRANCHES DE LA MÉDECINE

I. — CŒUR ET VAISSEAUX

Des anévrysmes des valvules sigmoïdes de l'aorte.

(Mémoire publié dans les *Archives générales de médecine*, novembre 1894, après présentation de la pièce devant la Société anatomique, séance du 30 mars 1894.)

Voici les conclusions du mémoire, basées sur l'étude d'une vingtaine d'observations :

1° Les anévrysmes valvulaires des sigmoïdes aortiques sont fonction d'aortite.

2° Deux conditions nécessaires concourent à leur formation :

a) l'inflammation de la valvule (aortite aiguë ou chronique), qui marque le siège de la lésion ;

b) la pression du sang, qui effondre le point faible et creuse la poche.

3° L'aortite aiguë prédispose plutôt à la distension en masse de la valvule (Virchow, Ponfick) ;

l'aortite chronique, à l'anévrysme vrai (localisation plus limitée de l'inflammation, exagération de la tension artérielle).

4° La principale cause est l'athérome.

5° Ces anévrysmes entravent le jeu de l'orifice aortique et provoquent, s'ils n'existent pas déjà, le rétrécissement ou l'insuffisance, ou les deux à la fois, ou l'un ou l'autre alternativement.

6° Lorsque l'anévrysme se rompt, il est fréquent de voir survenir un bruit de souffle à timbre musical, dont l'apparition, succédant à l'alternance et à la mobilité des bruits de souffle préexistants, crée une grande probabilité en faveur du diagnostic d'anévrysme valvulaire.

7° L'anévrysme d'une valvule sigmoïde peut se compliquer d'anévrysme des autres valvules d'un autre orifice, soit par propagation de proche en proche, soit par endocardite concomitante.

Il peut donner lieu à des embolies, soit en favorisant la production

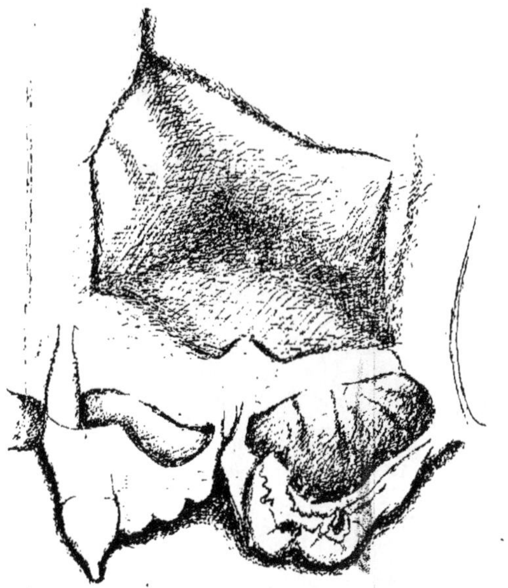

Fig. 12. — Anévrysmes valvulaires aortiques.

de caillots à sa surface ou dans sa cavité, soit au moyen de débris provenant de sa rupture.

Anévrysme de la crosse de l'aorte. Rupture à l'extérieur.

(*Société anatomique*, 25 janvier 1895.)
La pièce a été réclamée pour le musée Dupuytren.

Les particularités intéressantes de cette observation sont :

1° l'énorme volume de la poche externe, qui atteignait à la fin de la vie celui d'une tête d'enfant de deux ans environ ;

2° l'absence de retentissement sur le cœur d'une ectasie aortique aussi considérable ; l'absence de troubles de compression, sauf de douleurs intercostales, qui, selon toute probabilité, ont coïncidé avec la période durant laquelle l'ectasie se faisait jour à l'extérieur ;

3° la lenteur d'évolution de la perforation, la survie de trois

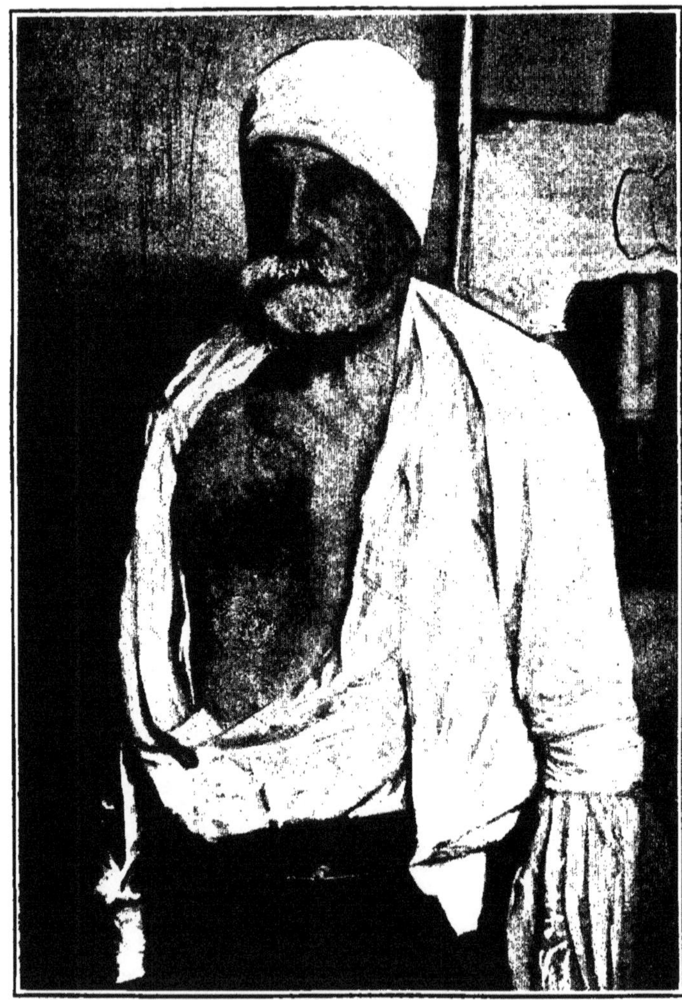

Fig. 13. — Anévrysme de la crosse de l'aorte. Rupture à l'extérieur.
(On aperçoit la zone ecchymotique par où se fera la rupture).

semaines accordée au malade après une première rupture et la mort lente en vingt-quatre heures par une hémorragie en nappe.

Ces diverses particularités doivent trouver leur explication dans la disposition de l'ectasie. En effet — alors que dans les anévrysmes de l'aorte ouverts à l'extérieur, on ne constate d'ordinaire que deux poches, l'une rétro-sternale (fusiforme ou sacciforme), l'autre pré-sternale ou externe (véritable anévrysme diffus le plus souvent) — dans cette observation il existe trois poches, l'une aortique (fusiforme), la seconde rétro-sternale (sacciforme), la troisième pré-sternale ou externe (diffuse). Si bien que, dans la volumineuse poche externe, la circulation du sang était ralentie par l'interposition de la poche intermédiaire, ouverte à chacune de ses extrémités par un orifice étroit. Cette disposition, en modérant le courant sanguin et en facilitant la formation des caillots dans la poche externe, est la raison principale qui a empêché l'hémorragie de la rupture d'être foudroyante.

Cette observation a inspiré la thèse du Dr Pierre Mari, 1895 « Anévrysmes diffus de l'aorte thoracique, leur terminaison par rupture à l'extérieur ».

Péricardite tuberculeuse à épanchement hémorragique considérable (800 grammes environ), chez une enfant de onze ans, morte de tuberculose aiguë généralisée à prédominance séreuse.

(*Société anatomique*, 26 mai 1893.)

Ossification de l'orifice mitral.

(*Société anatomique*, 30 mars 1894.)

Observation de phlébite rhumatismale.

(Communiquée à M. le Dr Gatay pour sa thèse « Contribution à l'étude de la phlébite rhumatismale », 1895.)

Oblitération de la veine cave supérieure.

(*Société médicale des Hôpitaux*, 6 février 1906, en collaboration avec M. Combier.)

Cette observation est intéressante parce qu'elle attire l'attention sur le rôle de l'adénopathie trachéo-bronchique avec médiastinite chronique dans la pathogénie des oblitérations de la veine cave supérieure, dont le mémoire d'Oulmont en 1856 ouvrit l'histoire.

Le sujet, âgé de 54 ans, mourut de granulie, après avoir présenté durant les derniers mois de sa vie, tous les signes classiques de l'oblitération de la veine cave supérieure.

L'autopsie ne laissa aucun doute sur la nature tuberculeuse de la médiastinite, fait d'autant plus digne d'être retenu que, dans presque tous les cas de ce genre, la syphilis est en cause.

Cette observation doit prendre place dans l'ensemble de ma contribution à l'étude des médiastinites, dont on trouvera l'analyse dans les autres parties de cet exposé (voir pages 90 et 166).

Note sur la valeur du timbre musical du souffle dans les ruptures valvulaires d'origine traumatique.

(*Société médicale des Hôpitaux*, 24 janvier 1908.)

Un ouvrier, à la suite d'un choc sur la poitrine accompagné d'un effort violent, présente les signes d'une insuffisance aortique dans laquelle le souffle offre cette particularité d'avoir un timbre piaulant, musical, intermittent. Je rapproche cette constatation de mes observations sur les souffles des anévrysmes valvulaires (voir page 139) et j'attire l'attention sur la valeur séméiologique du timbre musical des souffles valvulaires consécutifs aux ruptures traumatiques.

II. — REINS ET ORGANES GÉNITO-URINAIRES

De l'évolution de la néphrite gravidique.

(*Revue de médecine*, janvier 1901), en collaboration avec M. Gaucher.

Le but de ce travail est de montrer que la néphrite gravidique, d'origine vraisemblablement auto-toxique, tend à devenir chronique.

En passant à l'état chronique elle présente cliniquement les symptômes de la néphrite dite, jadis, interstitielle et, en particulier, le bruit de galop.

Il est intéressant de remarquer que, dans ses phases initiales, la néphrite gravidique peut ne s'accompagner d'aucun autre symptôme que l'albuminurie. Cette néphrite peut être extrêmement superficielle et éphémère, de même qu'elle peut être profonde et durable. Ces variations d'intensité de la lésion relèvent des différences quantitatives et qualitatives des poisons de l'auto-intoxication gravidique, de la durée et de la répétition de leur action.

Ainsi peuvent s'expliquer les diverses formes anatomo-cliniques de la néphrite gravidique : l'albuminurie dite dyscrasique, la néphrite aiguë, la néphrite subaiguë et la néphrite chronique.

Primitivement épithéliale la néphrite gravidique, quand elle passe à l'état chronique, est devenue une néphrite mixte ; elle s'est secondairement interstitialisée, ou, plutôt, elle est devenue une néphrite diffuse, suivant la nomenclature actuelle.

Cette évolution vers la chronicité ne reconnaît pas, d'ailleurs, une pathogénie univoque : tantôt la néphrite devient chronique d'emblée : c'est une néphrite primitivement aiguë qui s'installe et ne rétrocède plus ; tantôt, et c'est le plus souvent, la néphrite chronique est la conséquence éloignée et tardive d'une série d'assauts réitérés portés sur le rein par des grossesses successives. Mais, quel que soit le mode pathogénique du passage de la néphrite gravidique à la chronicité, il est toujours possible de distinguer, dans son histoire clinique, deux étapes principales : la première, avec l'albuminurie abondante, les cylindres et l'oligurie, représente la phase de néphrite épithéliale aiguë ; la seconde, avec les crises de polyurie, l'absence ou la faible quantité de l'albuminurie, l'hypertrophie du cœur, l'hypertension artérielle et le bruit de galop, indique la prédominance des lésions interstitielles.

Sans doute, les faits sont loin de se dérouler toujours suivant un tableau aussi schématique ; mais, quelles que soient leurs dissemblances relatives, ils suffisent à caractériser la tendance toute spéciale de la néphrite gravidique à passer à l'état chronique. Le bruit de galop est constant dans la néphrite gravidique chronique ; la précocité fréquente de son apparition suffit à prouver cette tendance.

Artériosclérose généralisée. Mort par urémie consécutive à une sclérose rénale liée à une hypertrophie de la prostate.

(*Société anatomique*, 1er avril 1892.)

Lithiase rénale. Urémie.

(*Société anatomique*, 29 mars 1895.)

A propos d'une communication de MM. Heitz-Boyer et Braun sur la tuberculose rénale.

(*Société d'Études scientifiques sur la tuberculose*, octobre 1912.)

III. — TUBE DIGESTIF ET PÉRITOINE

Appendicite et colique de plomb.

(*Presse médicale*. 1899, n° 19.)

J'ai, le premier, attiré l'attention sur la difficulté du diagnostic entre l'appendicite et la colique de plomb et résumé la question dans les termes suivants :

« 1° La colique de plomb et l'appendicite (surtout dans ses formes suraiguës, perforantes) peuvent présenter un tableau symptomatique identique.

« 2° *Chez un saturnin*, on devra être prévenu qu'une attaque de soi-disant *colique* de plomb peut être une *colique* appendiculaire ou, plus exactement, une appendicite.

« 3° En présence des signes les plus classiques de la colique de plomb (obs. I de mon travail), on devra donc, au premier moment, se borner à calmer les douleurs par la morphine, l'application de cataplasmes laudanisés, ou même une vessie de glace sur l'abdomen, et n'administrer le traitement de la Charité ou toute autre médication évacuante qu'ultérieurement. Cette règle thérapeutique s'imposera *a fortiori* si les caractères cliniques (localisation spéciale de la douleur, mode de début, etc.) rappellent ceux de l'appendicite (obs. II) et rendent le diagnostic hésitant. Sans doute, ces mesures de prudence retarderont, dans la majorité des cas, la guérison définitive de la colique de plomb ; mais, dans les cas, plus rares il est vrai, où la prétendue colique de plomb sera une appendicite, le médecin ne pourra que se louer de les avoir observées. »

Ce travail a inspiré la thèse du docteur Léon Laporte (*Appendicite et colique de plomb*. Paris, mars 1899).

Un mois après, dans le *Journ. of Amer. med. Assoc.* (15 avril 1898), Prentiss Lord rapportait l'observation inverse d'un malade qui fut opéré pour des signes d'appendicite, alors qu'il était simplement atteint de colique de plomb, ainsi que permirent de le reconnaitre l'intégrité de l'appendice et les stigmates de saturnisme expliqués par sa profession de plombier.

Devant la Société médicale des Hôpitaux, trois mois plus tard (16 juin 1899), M. Le Gendre confirmait mes conclusions en apportant de nouvelles observations à leur appui. Enfin, quatre ans après (1903), M. Apert vint à nouveau communiquer à la même Société des faits analogues.

D'autre part, à côté des considérations relatives à la difficulté et à la nécessité d'établir *chez un saturnin* le diagnostic entre la colique de plomb et l'appendicite, ces observations suscitent, ainsi que je l'ai dit dans mon travail et ainsi que M. Le Gendre l'a rappelé, une autre déduction. Il est permis, en effet, de se demander s'il n'y a pas là plus qu'une simple coïncidence et si l'absorption du plomb par les voies digestives ne peut pas provoquer l'apparition de lésions plus ou moins profondes de la muqueuse intestinale et jouer, pour ainsi dire, un rôle immédiat dans la production des localisations inflammatoires appendiculaires.

Péritonite chronique sus-hépatique enkystée, à liquide citrin, dans un cas de cirrhose avec ascite.

(*Société anatomique*, 16 février 1894.)

L'intérêt de cette observation réside dans l'argument qu'elle fournit à la théorie qui fait jouer un rôle important aux lésions de péritonite dans la production de l'ascite de la cirrhose atrophique.

Péritonite tuberculeuse ou cirrhose alcoolique? Inoscopie positive, autopsie confirmative.

(*Société médicale des Hôpitaux*, 6 octobre 1903), en collaboration avec M. Henri Lemaire.

Un cas de cancer latent de l'estomac à forme d'anémie pernicieuse, avec anasarque.

(*Société médicale des Hôpitaux*, 23 octobre 1903), en collaboration avec M. Henri Lemaire.

Les seuls signes cliniques ont consisté en une anémie profonde, à type pernicieux, avec anasarque considérable et albuminurie légère, à tel point que la malade fut tout d'abord considérée comme une brightique. Cette observation est à rapprocher d'un cas analogue de MM. Ménétrier et Aubertin où l'anasarque faisait défaut, mais où l'anémie était également extrême. On peut se demander, avec ces auteurs, si l'altération profonde du sang dans les formes anémiques du cancer de l'estomac n'est pas l'effet immédiat de propriétés hémolysantes des toxines cancéreuses. Il est permis également de rattacher à la même origine l'anasarque et l'albuminurie.

Voir, en outre, dans la deuxième partie, les mémoires :

Appendicite chronique et tuberculose.

Tuberculose et syndrome solaire.

IV. — SYSTÈME NERVEUX

Délire post-grippal chez une hystérique.

(*Société médicale des Hôpitaux*, 11 mars 1904.)

Cette observation fut le prétexte d'une étude des délires du cours ou de la convalescence des maladies infectieuses. Elle est un exemple du rôle joué par les tares nerveuses et psychiques dans la pathogénie de ces délires, auxquels la maladie infectieuse sert de circonstance occasionnelle.

Hémorragie méningée. Mort subite au cours d'une ponction lombaire. Anévrysme cérébelleux.

(*Société médicale des Hôpitaux*, 5 juin 1908), en collaboration avec le Dr H. Grenet.

Chez un sujet jeune un syndrome d'hypertension méningée conduit à faire une ponction lombaire. Le liquide est hémorragique ; l'amélioration considérable. La céphalée violente et la raideur ne tardant pas à revenir, une nouvelle ponction est pratiquée. Puis, une troisième, peu de jours après, pour les mêmes raisons. Au cours de celle-ci le malade tombe foudroyé. L'autopsie, en montrant un anévrysme cérébelleux fissuré, donne l'explication de l'évolution de la maladie et de la cause de la mort par ponction lombaire.

Sur un cas de pelade avec névralgie faciale.

(*Société médicale des Hôpitaux*, 12 mars 1909), en collaboration avec le Dr Lucien Jacquet.

Un cas de chorée mortelle.

(*Société médicale des Hôpitaux*, 24 avril 1904). en collaboration avec M. Babonneix.

Voir en outre :
Dans la première partie :

Les paralysies de la chorée et l'insuffisance surrénale.

L'encéphalopathie surrénale.

Et dans la deuxième partie :

L'inégalité pupillaire dans les affections pleuro-pulmonaires.

Troubles fonctionnels imputables à la lésion du plexus cardiaque et des nerfs du médiastin chez les blessés de poitrine.

V. — MALADIES INFECTIEUSES ET INTOXICATIONS

Observation de laryngite varicelleuse.

(Communiquée à M. le Dr Boucheron pour sa thèse : « Étude sur les complications respiratoires de la varicelle et relation d'un cas de varicelle du larynx », Paris, 1893.)

C'est là un des premiers cas qui aient été signalés des localisations, d'ailleurs rares, de l'énanthème varicelleux sur la muqueuse laryngée (autopsie probante).

Stérilité du pus du bubon blennorrhagique.

(*Société de Dermatologie*, 11 avril 1895), en collaboration avec M. Gaucher.

Tentatives infructueuses d'inoculation de la lèpre au singe.

(Expériences pratiquées sur quatre singes, dans le laboratoire de M. Gaucher, et consignées dans ses *Leçons sur les maladies de la peau*, 1898, t. II, p. 457.)

Dothiénentérie à manifestations méningées prédominantes chez un homme qui s'était tiré, six semaines auparavant, une balle de revolver dans la tête Difficultés du diagnostic.

(*Société médicale des Hôpitaux*, janvier 1901), en collaboration avec M. Henri Bernard.

Trachéo-bronchite pseudo-membraneuse diphtérique primitive.

(*Société médicale des Hôpitaux*, 16 octobre 1903), en collaboration avec M. Henri Lemaire.

Les auteurs classiques n'admettent l'existence d'une bronchite pseudo-membraneuse diphtérique primitive qu'avec les plus grandes réserves. Une jeune fille entre à l'hôpital, en proie à une dyspnée intense. Elle n'a pas d'angine, pas de coryza, pas d'adénopathie. L'examen laryngoscopique montre les signes d'une compression récurrentielle double. La trachéotomie provoque le rejet de fausses membranes, dont l'examen bactériologique montre la nature diphtérique. Après trois injections de sérum, la malade rejette par la canule un *moule trachéo-bronchique canaliculé long de quinze centimètres*. L'autopsie confirme le diagnostic de *compression récurrentielle par deux gros ganglions péritrachéaux* et montre des lésions étendues à tout l'arbre bronchique avec *foyers de pneumonie lobulaire où le bacille diphtérique existe seul à l'état de pureté*.

Méningite cérébro-spinale à staphylocoques, chez deux typhiques. Contagiosité possible.

(*Archives générales de médecine*, 8 décembre 1903), en collaboration avec M. Henri Lemaire.

Dans ce mémoire nous étudions deux cas de fièvre typhoïde compliqués de méningite cérébro-spinale ; l'examen du liquide céphalo-rachidien montra la présence, à l'état de pureté, du *staphylococcus citreus*, qui se retrouvait également dans le pus d'un abcès du poumon, chez l'un des deux malades ; ces deux cas, d'autre part, se sont produits presque simultanément chez deux malades voisins de lit ; si bien qu'il est permis de considérer le staphylococcus citreus comme l'agent essentiel de la complication méningée et de regarder celle-ci comme la manifestation d'une véritable contagion.

Ces observations ne sont pas, d'ailleurs, isolées ; dans l'épidémie de 1898-1899, M. Netter a rencontré quatre cas de méningite cérébro-spinale à staphylocoque pur ; un de ces cas était survenu au cours d'une fièvre typhoïde.

Le rôle de l'infection dans les empoisonnements alimentaires d'origine carnée.

(*Tribune Médicale*, 3 novembre 1906.)

Ce travail contribue à établir que, dans bon nombre de cas d'empoisonnements alimentaires d'origine carnée, il faut accorder un rôle important à *certains microbes spéciaux* et que, à côté des *intoxications*, il faut faire place aux *infections carnées*. Bien souvent, les soi-disant empoisonnements collectifs ne sont que de petites épidémies.

C'est l'histoire d'une épidémie de ce genre, observée sur tous les membres d'une même famille, à la suite de l'ingestion de charcuterie, que j'étudie dans ce mémoire. MM. Netter et Ribadeau-Dumas, qui venaient de publier d'intéressantes recherches sur les infections par des microbes voisins du *bacille paratyphique B*, isolèrent chez les malades un bacille pathogène semblant appartenir aux bacilles des infections carnées du groupe Ærtrycke et agglutiné fortement par le sérum des malades.

L'histoire de faits et d'épidémies analogues a été publiée depuis, de différents côtés, et, tout récemment encore, notamment par M. Netter.

Observation démonstrative de la contagion de la pneumonie.

(Publiée *in extenso* dans la thèse de M. Carlotti : « Étude sur la contagion de la pneumonie franche aiguë », Paris, 1893.)

Des injections sous-cutanées de térébenthine comme moyen de traitement de la pneumonie.

(*Société médicale des Hôpitaux*, 13 mai 1892), en collaboration avec Gingeot.

Note sur les abcès de fixation, leur valeur pronostique et thérapeutique dans les septicémies.

(A propos d'une communication de MM. Boidin et Weissenbach à la *Société médicale des Hôpitaux*, 17 décembre 1915.)

Note sur l'apparition du pneumocoque dans le liquide céphalo-rachidien des méningites à méningocoques.

(A propos d'une communication de MM. Netter et Salanier à la *Société médicale des Hôpitaux*, 15 juin 1917.)

Manuel de thérapeutique de MM. Debove et Achard.

Articles : *Traitement de l'érysipèle.*
Traitement des pyo-septicémies.

En outre, voir dans la première partie :

Le rôle de l'insuffisance surrénale et de l'opothérapie surrénale dans les maladies infectieuses et dans les intoxications.

Et dans la troisième partie :

Note sur quelques effets cliniques des gaz asphyxiants.

VI. — MALADIES GÉNÉRALES

TRAVAUX SUR LA PELLAGRE

1° Note sur les lésions viscérales et médullaires de la pellagre.

(*Société médicale des Hôpitaux*, 12 juillet 1895), en collaboration avec M. le Dr Gaucher.

2° Nouvelles recherches sur les lésions histologiques viscérales de la pellagre.

(*Société médicale des Hôpitaux*, 1er mars 1900), en collaboration avec MM. Gaucher et Crespin (d'Alger).

3° L'atrophie des viscères et l'hypoplasie artérielle dans la pellagre. Leur rôle pathogénique.

(*Presse médicale*, 2 janvier 1901).

Dans notre premier mémoire nous avons relaté, M. Gaucher et moi, les constatations suivantes, faites à l'autopsie d'un cas de pellagre :

A. Résultat absolument négatif des recherches bactériologiques (cultures, colorations spéciales des coupes des viscères).

B. Au point de vue des lésions anatomiques, macroscopiques et microscopiques :

1° *L'atrophie générale de tous les viscères et en particulier de la rate, la petitesse du cœur et l'étroitesse des grosses artères.*

2° *La dégénérescence graisseuse du foie et les lésions hyperémiques et ulcératives de l'intestin.*

Ces caractères anatomo-pathologiques avaient été signalés antérieurement par Vidal, qui, en 1864, mentionnait les lésions hyperémiques et ulcéreuses de l'intestin et la stéatose du foie, et par Lombroso qui, en 1869, résumait les lésions dominantes de la pellagre dans les termes suivants : atrophie, dégénérescence graisseuse, pigmentation et hyperémie.

3° *Les lésions de la moelle.*

Déjà signalées en 1864 par Bouchard, qui les considéra comme analogues à celles du tabes ; étudiées en 1894 par M. Pierre Marie, qui montra qu'elles étaient inversement superposables à celles du tabes, qu'en d'autres termes les régions altérées dans le tabes étaient respectées dans la pellagre et inversement. Dans notre cas, les lésions étaient identiques à celles décrites par M. Pierre Marie, à quelques détails près ; les cellules de la substance grise, surtout celles de la colonne de Clarke, étaient profondément altérées, méconnaissables ; il existait, de plus, de grosses lésions vasculaires (voir fig. 14).

Dans notre deuxième mémoire nous avons rapporté les résultats de l'examen histologique des pièces d'un cas de pellagre qui nous avaient été envoyées de Mustapha par le Dr Crespin. Cet examen confirmait nos précédentes recherches.

Enfin, dans le troisième mémoire, j'ai rapporté un nouveau cas de pellagre recueilli dans le service de M. Gaucher, que je remplaçais à ce moment. L'autopsie confirma de tous points les résultats des deux cas antérieurs. A propos de cette troisième observation, j'ai insisté sur *l'importance de l'atrophie des viscères dans la pellagre* et de son *association avec l'hypoplasie artérielle.* Faisant remarquer que cette atrophie viscérale ne présente aucun des caractères des atrophies d'origine inflammatoire, telle la cirrhose de Laënnec, que les organes ne sont ni déformés, ni sclérosés, ni ratatinés, mais restent réguliers

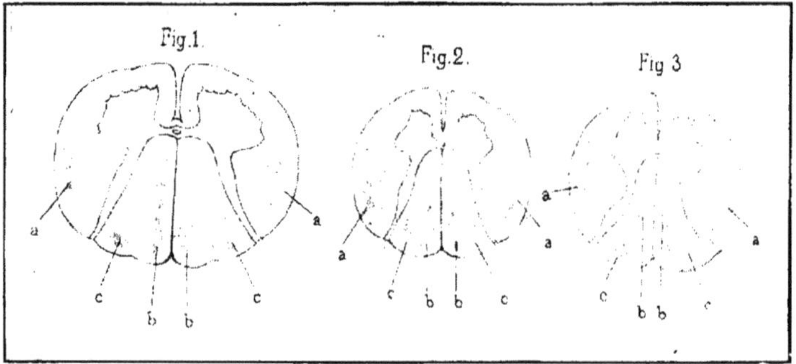

Fig. 14. — Coupe d'une moelle de pellagre.

Fig. 1 Moelle à la hauteur de la 5e paire cervicale.
Fig. 2 — — 5e — dorsale.
Fig. 3 — — 12e — dorsale.

dans leur forme et dans leur structure, j'ai conclu qu'il n'y avait pas là d'atrophie, au sens vrai du mot, mais que les organes étaient petits congénitalement et que cet arrêt de développement des principaux viscères était étroitement lié à l'hypoplasie artérielle. Si bien que ces deux états anatomiques, atrophie des viscères et hypoplasie artérielle, au lieu de représenter des conséquences de la pellagre, pouvaient bien plutôt être considérés comme une tare constitutionnelle prédisposant l'individu à cette affection. La cachexie pellagreuse, en effet, est l'aboutissement possible de toutes les causes qui provoquent la déchéance de l'organisme, le plus souvent par une nutrition défectueuse ou insuffisante. L'auto-intoxication consécutive à cette dénutrition survient d'autant plus aisément que l'insuffisance anatomique des organes les prédispose à l'insuffisance physiologique. Ainsi comprise, la pellagre mérite bien son ancienne dénomination de « mal de misère », misère physiologique et misère sociale, l'une favorisant les conséquences de l'autre.

*
* *

En outre, voir dans la première partie, les

Travaux sur les relations du rhumatisme avec la pathologie thyroïdienne.

VII. — DERMATOLOGIE ET SYPHILIGRAPHIE

A) — *Dermatologie.*

Anatomie pathologique et pathogénie de l'acné varioliforme (molluscum contagiosum de Bateman).

(*Archives de médecine expérimentale et d'anatomie pathologique*, septembre 1898), en collaboration avec M. Gaucher.

De nos recherches, portant sur de nombreuses coupes, se dégagent les conclusions suivantes :

« *Le molluscum contagiosum n'est pas une tumeur épithéliale de siège indifférent, car il se développe toujours et seulement* dans les glandes sébacées ; si bien qu'il constitue réellement une acné et que la dénomination ancienne d'acné varioliforme, qui en indique les principaux caractères topographiques et morphologiques, doit être conservée.

« L'acné varioliforme *n'est pas une lésion de dégénérescence* (colloïde ou autre) de la glande sébacée (Vidal et Leloir), car les cellules glandulaires ne meurent pas, mais continuent de manifester la persistance de leur vitalité en produisant de la substance cornée.

« L'acné varioliforme *n'est pas une tumeur parasitaire* (Bollinger, Neisser, Quinquaud, Darier), car les formes qui ont été décrites comme des parasites ne sont que l'expression des modifications successives du protoplasma cellulaire. Les figures que Neisser, en particulier, a fait reproduire à l'appui de sa dernière publication sur ce sujet au IVe Congrès allemand de dermatologie, ne présentent aucune différence avec celles que donnerait un fort grossissement de nos coupes ; elles constituent, d'ailleurs, dans leur perfection, plutôt des schémas, destinés à appuyer une description, que des reproductions fidèles, toujours moins nettes que la réalité ; la description des modifications intracellulaires paraît elle-même calquée

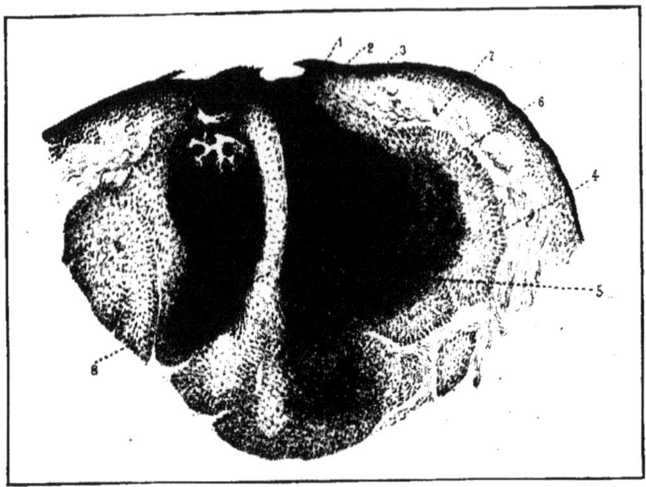

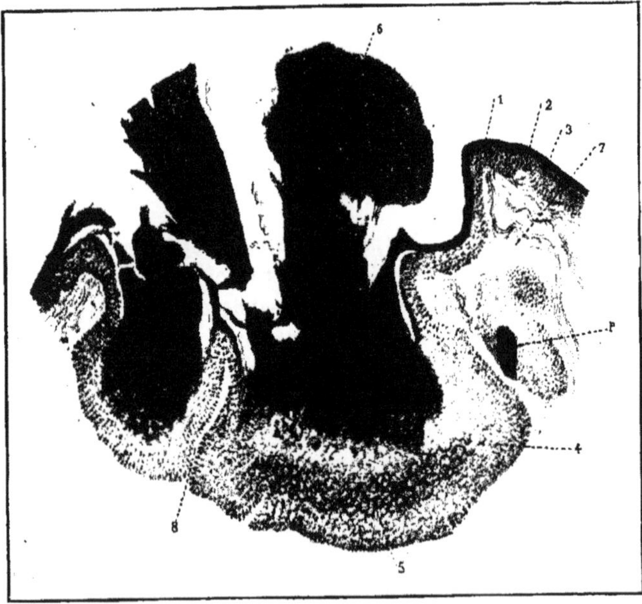

Fig. 15. — Coupe d'un bouton d'acné varioliforme.

1, 2 et 3, les trois couches de l'épiderme normal. — 4, 5 et 6, les trois zones des couches des cellules glandulaires. — 7 et 8, derme et prolongement dermique intra-glandulaire. — P. Poil.

sur celle de Renaut, avec une simple différence d'interprétation. « L'acné varioliforme *est une lésion d'évolution des glandes sébacées,* ainsi que le soutient Renaut. Et cela n'exclut nullement l'idée d'une origine parasitaire, que semblent justifier *a priori,* d'ailleurs, la contagiosité et l'inoculabilité de la lésion ainsi que sa reproduction sur place si l'excision en a été incomplète. Que la lésion d'évolution de la glande sébacée qui constitue l'acné varioliforme soit sous la dépendance plus ou moins directe d'un agent extérieur parasitaire *encore indéterminé,* nous ne saurions refuser de l'admettre *a priori;* mais que les modifications cellulaires histologiques qui caractérisent et accompagnent cette lésiond'évolution soient décrites comme des formes parasitaires, voilà ce que nous avons voulu contester. »

Considérations générales sur les tumeurs et le pigment mélaniques, à propos d'un cas de sarcome mélanique cutané généralisé.

(*Archives générales de médecine,* février 1902.)

Dans ce mémoire je me suis attaché à montrer que l'étude clinique du sarcome mélanique est inséparable de son étude histologique, qui rend compte des phénomènes évolutifs principaux et en particulier de l'affaissement spontané de certains nodules, de l'apparition de la mélanémie, de la mélanurie et de la généralisation. Tous ces phénomènes me paraissent sous la dépendance immédiate d'un fait primordial sur lequel j'ai attiré l'attention, à savoir la *fragmentation des cellules* farcies de mélanine.

Cette *fragmentation cellulaire* doit être considérée comme l'aboutissement de l'évolution individuelle des cellules du néoplasme, qui meurent de l'excès même de leur activité spécifique. La cellule élabore le pigment; bientôt transformée en un bloc homogène et compact de mélanine, elle n'est plus qu'un corps inerte; ayant cessé de vivre, elle se fragmente; cette fragmentation cellulaire met en liberté la mélanine, qui passe dans le sang où on la retrouve sous forme de grains, libres dans le plasma ou inclus dans les leucocytes. Mais il ne faudrait pas croire que la mélanémie et la mélanurie, ainsi comprises, soient la preuve certaine de la généralisation du néoplasme. En effet, cette mélanine, mise en liberté par la fragmentation cellulaire, n'agit pas comme un agent spécifique, qui, véhiculé par le sang, transporterait avec lui, à la façon d'un parasite, les germes de la généralisation morbide. Elle ne représente qu'un corps inerte, balayé par la circulation et incapable de se reproduire.

La généralisation du néoplasme résulte des greffes à distance de cellules, sarcomateuses ou carcinomateuses (suivant la variété de

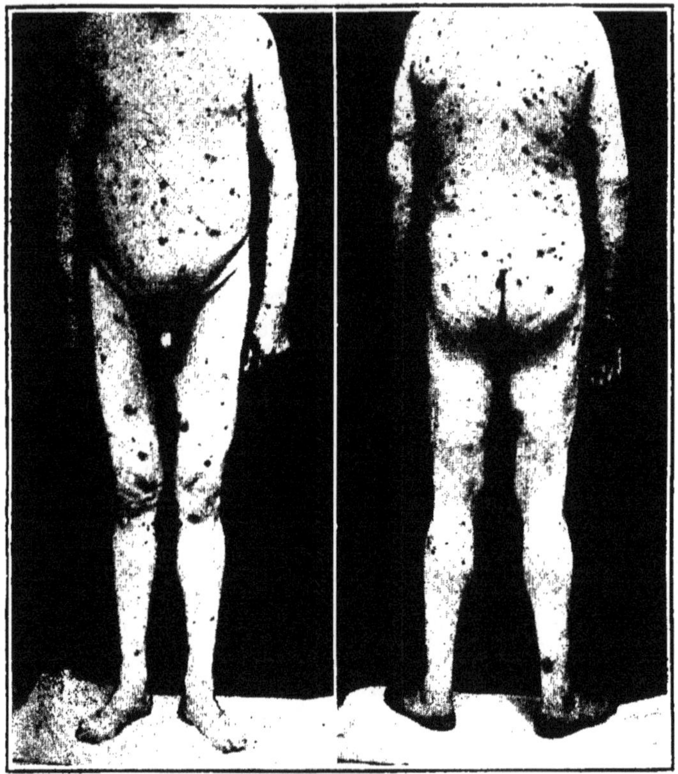

Fig. 16. — Sarcome mélanique généralisé.

tumeur mélanique) transportées, par le mécanisme de l'embolie, en *pleine vitalité,* c'est-à-dire avec tous leurs caractères de spécificité propre, et particulièrement avec leur aptitude *originelle* à élaborer la mélanine et à transmettre cette propriété aux cellules-filles auxquelles elles donnent naissance.

Aussi peut-on dire qu'au point de vue de la valeur pronostique de la mélanémie, il y a vraisemblablement une distinction à établir entre les cellules simplement *mélanifères* (leucocytes) et les cellules *mélanogènes* (cellules de néoplasme) dont la présence dans le sang atteste seule la généralisation de la tumeur.

Or, cette migration des cellules mélanogènes est, elle aussi, sous la dépendance immédiate du phénomène de la fragmentation cellulaire. Celle-ci, en effet, désorganise le tissu du néoplasme ; à la faveur de l'effondrement qu'elle détermine, des cellules mélanogènes, encore en pleine activité fonctionnelle, sont comme dissociées ; elles passent dans la circulation et vont semer les greffes à distance. Si bien que les nodules mélaniques secondaires sont dus, non pas à des embolies de pigment mélanique, mais à des embolies de cellules aptes à élaborer de la mélanine.

L'affaissement spontané des nodules, qui se transforment en placards mélaniques inertes, d'une part, la généralisation, la mélanémie et la mélanurie, d'autre part, apparaissent donc, en définitive, comme deux ordres de phénomènes connexes, placés sous la dépendance immédiate de la fragmentation cellulaire, qui joue ainsi un rôle capital dans l'histoire des tumeurs mélaniques.

Examen histologique d'un cas de nævus verruqueux vasculaire.

En collaboration avec M. le Dr Gaucher (Atlas du Musée de l'hôpital Saint-Louis 1897, Rueff, édit.).

Manuel de thérapeutique, de MM. Debove et Achard.

Traitement des maladies de la peau. — Articles : *Acné, Cancroïde, Chéloïde, Ecthyma, Éruptions médicamenteuses, Érythèmes, Folliculites et Sycosis, Herpès, Ichtyose et Kératose pilaire, Kératodermie plantaire et palmaire, Lichen plan, Nævi, Phtiriase, Pityriasis versicolor, Pityriasis rosé de Gibert, Psoriasis, Purpura, Sclérodermie, Urticaire, Zona.*

B) — *Syphiligraphie.*

TRAVAUX SUR LA LEUCOPLASIE BUCCALE

1° Anatomie pathologique, nature et traitement de la leucoplasie buccale.

(*Archives de médecine expérimentale et d'anatomie pathologique*, juillet 1900), en collaboration avec M. Gaucher.

2° La leucoplasie bucco-linguale en médecine générale. Sa valeur séméiologique dans la recherche de la syphilis.

(Conférence faite au siège de l'Association d'Enseignement médical des Hôpitaux de Paris et publiée dans le *Journal des Praticiens*, le 30 janvier 1909.)

Ainsi qu'on peut s'en convaincre par la lecture des travaux les plus récents sur la leucoplasie buccale, l'accord est loin d'être parfait sur la nature de cette affection. Deux points restent surtout en litige : d'une part, les rapports de la leucoplasie avec l'épithélioma ; d'autre part, ses rapports avec la syphilis.

Ce sont surtout ces deux points que nous avons cherché à élucider, dans l'intention d'établir la véritable nature de la leucoplasie buccale.

1° *Rapports de la leucoplasie buccale avec l'épithélioma.* — La transformation d'une plaque de leucoplasie en épithélioma ou, tout au moins, l'apparition d'un épithélioma au niveau d'une plaque de leucoplasie, est si souvent observée en clinique qu'il paraît difficile d'admettre une simple coïncidence et qu'il est logique de supposer que la leucoplasie la plus bénigne en apparence n'est peut-être qu'un épithélioma en expectative. Mais alors, pourquoi la transformation épithéliomateuse n'est-elle pas l'aboutissement fatal ? Sur ce point la discussion restait ouverte.

Or, nous avons eu l'occasion d'examiner au microscope une plaque de leucoplasie d'apparition récente et d'apparence macroscopique simple et non papillomateuse, chez un sujet qui mourut de broncho-pneumonie. Cet examen nous a permis de prendre sur le fait en quelque sorte les lésions histologiques à leur stade *initial* et de saisir ainsi la raison intime de la tendance de la leucoplasie vers la dégénérescence épithéliomateuse.

Il nous a conduits à considérer la leucoplasie, dès son stade initial, comme un *papillome corné* et nous a montré que le caractère anatomique dominant, longtemps considéré comme accessoire et surajouté, était la *formation papillaire*, la tendance plus ou moins papillomateuse des plaques de leucoplasie. *Cette notion du papillome corné résume l'anatomie pathologique de la leucoplasie*, car elle contient la totalité des caractères décrits par les histologistes : l'inflammation et l'épaississement du chorion, la cirrhose du derme (Debove), l'exagération des saillies papillaires, allant parfois jusqu'à la production de papillomes macroscopiques, l'hyperkératinisation épithéliale, la « cutisation de la muqueuse (Leloir). »

Cette même notion domine la solution du problème des rapports de la leucoplasie avec l'épithélioma, car elle permet de saisir le mécanisme évolutif de la lésion. Elle constitue cette « prédisposition

Fig. 17. — Leucoplasie linguale.
Vue d'ensemble sous un grossissement faible.

1. Couche cornée ; 2. Corps de Malpighi ; 3. Papilles ; 4. Chorion ; 5. Partie profonde du chorion sous-muqueux et couches musculaires superficielles réunies par la cirrhose ; 6. Muscles ; 7. Globe épidermique, siégeant dans le corps muqueux.

(à l'épithélioma) inhérente à la leucokératose elle-même », dont parle Le Dentu. Si la leucoplasie, dès son stade initial, n'est autre chose qu'un papillome en miniature, n'est-elle pas, par là même, marquée en quelque sorte pour la germination d'un épithélioma ? Ne devient-elle pas l'analogue de ces verrues, de ces papillomes cutanés des vieillards, qui se transforment si facilement en cancroïdes ?

Mais, s'il est possible d'expliquer ainsi la fréquence d'apparition de l'épithélioma au niveau des plaques de leucoplasie, il est impossible, dans l'état actuel de nos connaissances, de pénétrer davantage le secret des liens qui unissent ces deux lésions. Que si, en effet, le microscope permet de reconnaître dans une plaque de leucoplasie, *cliniquement simple*, des globes épidermiques, ainsi que Stanziale, Le Dentu et nous-mêmes avons pu le constater, il est impuissant à nous révéler leur *moment* et leur *mode* d'apparition.

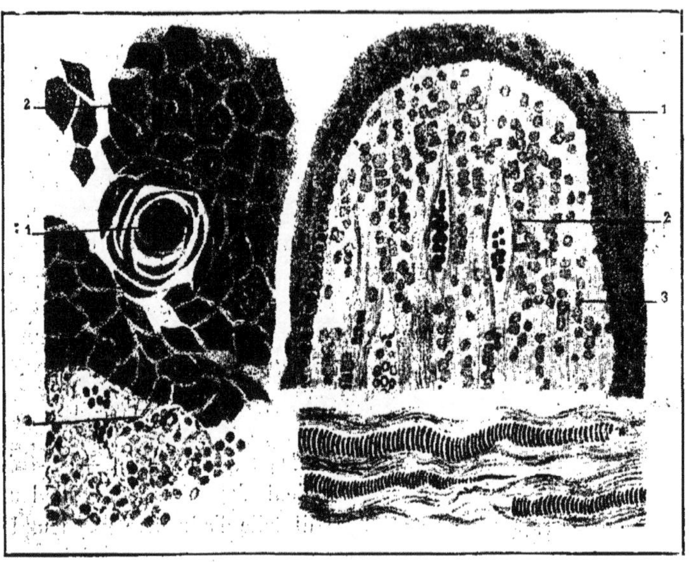

Fig. 18.

1. Globe épidermique; le même qui est visible en 7 sur la figure 17, examiné ici à un fort grossissement; 2. Cellules du corps de Malpighi; 3. Papille sous-jacente.

Fig. 19.
Papille examinée à un fort grossissement.

1. Revêtement épithélial; 2. Vaisseaux gorgés de sang; 3. Infiltration embryonnaire.

Fig. 20.

Fibres musculaires dissociées par la sclérose, visibles en bas sur la fig. 18, examinées ici à un fort grossissement.

Les figures 17, 18, 19 et 20 ont été dessinées d'après une même coupe.

Que l'épithélioma ne soit qu'un accident dans le cours de la leucoplasie (Leloir, Trélat), ou qu'il en représente un stade évolutif terminal (Besnier et Doyon, Le Dentu, Cestan et Pettit), c'est là une discussion qui nous paraît actuellement devoir rester ouverte ; car, rien n'autorise à considérer la leucoplasie comme une affection *initialement* cancéreuse, mais seulement comme une lésion particulière, susceptible au plus haut chef, de par sa constitution même, de *préluder au développement d'un épithélioma.*

En résumé, *la leucoplasie est histologiquement un papillome corné,* et cela, *dès son stade initial.* Étant essentiellement un papillome, elle est susceptible de subir la transformation cancéreuse, et la possibilité de cette transformation est d'autant plus grande, que ce papillome, de par son siège même, est soumis à des irritations multiples et incessantes.

Que si on objecte que d'autres lésions plus ou moins papillomateuses de la bouche ne se transforment qu'exceptionnellement en cancer, alors que cette transformation est comparativement très fréquente dans la leucoplasie, nous dirons que cette considération n'est pas suffisante pour permettre de regarder la leucoplasie comme une lésion cancéreuse en soi, car si fréquent que soit ce stade ultime de son évolution, il est cependant loin d'être la règle.

Une seule donnée reste acquise, en définitive : *toute plaque de leucoplasie, de par sa structure même, constitue une prédisposition à l'épithélioma, et, par conséquent, doit être, en pratique, tenue pour suspecte.*

2° *Rapports de la leucoplasie buccale avec la syphilis.* — La fréquence de la syphilis, dans les antécédents des sujets atteints de leucoplasie buccale, est telle qu'il est difficile d'admettre une simple coïncidence et rationnel de chercher un rapport de causalité entre cette circonstance étiologique et cette lésion anatomique.

Pour nous, en dépit des contradictions, cette étiologie de la leucoplasie n'est pas douteuse. Tout en nous gardant de confondre avec la leucoplasie vraie les accidents *à forme de leucoplasie* de la syphilis bucco-linguale, nous pensons que *toute* plaque de leucoplasie est, en quelque sorte, une preuve certaine de l'existence de la vérole dans les antécédents du sujet qui la porte.

Mais, si nous disons que la syphilis est la cause première de la leucoplasie, nous ne disons pas que la leucoplasie est une lésion de *nature* syphilitique, mais seulement, suivant la nomenclature du professeur Fournier, une affection d'*origine* syphilitique ; qu'en un mot, elle constitue une maladie *parasyphilitique,* au même titre que le tabes et la paralysie générale.

Il est nécessaire, d'ailleurs, de préciser cette conception, car les rapports de la leucoplasie avec la syphilis sont plus ou moins évidents.

En effet :

1° Il y a des leucoplasies, morphologiquement typiques, qui évoluent en même temps que des accidents syphilitiques, qui succèdent *in situ* à des poussées successives de plaques muqueuses, qui sont améliorables et même curables, en partie tout au moins, par le traitement spécifique, *administré dès le début.*

Ces leucoplasies représentent la variété dite « syphilitique » du psoriasis buccal des anciens auteurs ; elles constituent un groupe intermédiaire important au point de vue nosographique.

2° Il y a des leucoplasies qui apparaissent à la période tertiaire de la vérole chez des sujets qui ont eu des accidents syphilitiques manifestes plus ou moins anciens. Ce groupe, avec le suivant, représente la leucoplasie vraie, dite non syphilitique par les auteurs, le « psoriasis buccal arthritique » (Bazin, Debove, Mauriac), que nous dénommons « leucoplasie parasyphilitique ».

3° Il y a des leucoplasies qui apparaissent chez des sujets jusque-là indemnes *ou plutôt se croyant indemnes* de syphilis, et qui n'en sont pas moins des leucoplasies parasyphilitiques. Ici, la *syphilis se cache ;* elle est ignorée du sujet, soit parce qu'elle a passé *inaperçue*, soit parce qu'elle est d'origine *conceptionnelle*, soit parce qu'elle est *héréditaire.*

Mais si la syphilis se rencontre à l'origine de la leucoplasie, est-ce à dire qu'elle suffit à elle seule à en provoquer l'apparition ?

Or, sans refuser aux diverses causes d'irritation locale (tabac, alcool, etc...) une part importante dans la détermination de la leucoplasie, nous pensons qu'elles n'agissent qu'à titre de causes favorisantes et occasionnelles et qu'elles restent sans influence si le sujet n'est pas syphilitique : un fumeur endurci, buveur de liqueurs fortes, n'aura de la leucoplasie que s'il est syphilitique ; au contraire, un syphilitique sobre et non fumeur pourra être atteint de leucoplasie, tout en étant moins exposé qu'un syphilitique buveur ou fumeur.

En résumé, les rapports de la leucoplasie et de la syphilis nous paraissent beaucoup plus étroits qu'on a coutume de le croire. Pour nous, ainsi que pour Landouzy, la syphilis joue le rôle principal dans l'étiologie de la leucoplasie buccale : non seulement elle agit à titre de cause prédisposante, favorisée dans ses effets par l'influence incontestable de toutes les irritations de la muqueuse, jouant l'office de causes adjuvantes et occasionnelles ; — bien plus, elle peut suffire à elle seule et jouer le rôle de cause déterminante.

La valeur séméiologique de la leucoplasie buccale dans la recherche de la syphilis est de tout premier ordre, ainsi que Gaucher n'a cessé de le répéter et que je me suis attaché à le démontrer moi-même dans mon second mémoire et dans la thèse de mon élève Béranger (Paris, 1909).

Mais, si les rapports étiologiques de la syphilis et de la leucoplasie sont à ce point intimes, il n'en est pas moins vrai que la leucoplasie ne saurait être considérée comme une affection de nature syphilitique et qu'il convient de la distinguer des accidents tertiaires proprement dits de la syphilis bucco-linguale.

Nature de la leucoplasie. — Qu'est-ce donc que cette affection, dont l'origine est syphilitique, dont la structure propre n'est ni syphilitique ni épithéliomateuse et dont la terminaison est fréquemment un épithélioma ? Quel est le double lien qui unit le papillome corné, qu'est essentiellement la leucoplasie, d'une part à la vérole et d'autre part au cancer?

Il est évident que nous ne pouvons fournir pour la solution de cette double question que des explications incomplètes.

Il n'y a rien de surprenant, d'ailleurs, à voir la syphilis présider à la formation d'un papillome et rien d'étonnant à voir ce papillome dégénérer facilement en épithélioma. La syphilis ne fait-elle pas volontiers des papillomes cutanés et muqueux et les papillomes les plus simples en apparence, les verrues des vieillards par exemple, ne se terminent-ils pas bien souvent par un cancroïde ?

La leucoplasie n'est ni une lésion de nature syphilitique ni une lésion de nature épithéliomateuse ; mais elle représente entre la syphilis et l'épithélioma un véritable trait d'union ; et l'enchaînement des faits peut être résumé de la façon suivante : la syphilis désigne la muqueuse buccale pour la leucoplasie ; la leucoplasie apparaît d'autant plus facilement que cette muqueuse est soumise à des causes d'irritations incessantes, parmi lesquelles le tabac, l'alcool, la carie dentaire, les appareils prothétiques occupent le premier rang ; une fois constituée, la leucoplasie crée une menace de cancer et cette menace est d'autant plus imminente que ces mêmes causes d'irritations continuent de s'exercer.

Traitement. — Des considérations précédentes découlent deux indications thérapeutiques primordiales :

1° *Prévenir dans la mesure du possible, chez les syphilitiques, l'apparition de la leucoplasie buccale.*

Cette indication sera remplie par des *mesures d'hygiène sévère* (interdiction du tabac, de l'alcool et des mets épicés, entretien de la bouche et des dents en parfait état, lavages de la bouche après les repas avec des solutions alcalines de préférence).

2° *Soigner rigoureusement la plaque de leucoplasie dès qu'elle est constituée.*

Ici les mêmes *prescriptions d'hygiène* seront applicables, mais plus sévères encore. De plus, un traitement curatif devra être administré sans retard, car la leucoplasie est une affection souvent grosse de menaces (épithélioma).

On ne devra pas attendre beaucoup du *traitement spécifique,* mais il conviendra cependant de l'essayer dès le début, en ayant soin de proscrire l'iodure, si dangereux dans le cancer ; on administrera le mercure sous la forme d'injections sous-cutanées de sels solubles et en particulier de benzoate.

Mais c'est surtout à la *médication locale* qu'on devra recourir.

Si la leucoplasie est *simple,* non *fissurée,* on prescrira des attouchements quotidiens avec une solution de *bichromate de potasse* au 1/50. Continué longtemps, des mois et même des années, ce mode de traitement peut amener la guérison complète.

Si la leucoplasie offre des lésions de dégénérescence épithéliale (fissures, ulcérations, saillies papillomateuses) celles-ci seront détruites par des *cautérisations ignées* et les badigeonnages au bichromate seront continués sur les régions non dégénérées.

Névrite syphilitique du nerf cubital.

(*Société de Dermatologie*, 18 avril 1895), en collaboration avec M. Gaucher.

Sept abcès consécutifs à sept injections de calomel chez le même malade.

(*Annales des maladies vénériennes*, janvier 1907, n° 1.)

Syphilis de l'appareil respiratoire sous-laryngé.

(Article écrit pour le *Précis de syphiligraphie* du professeur Gaucher. Doin, édit., 1909.)

Obstruction veineuse totale du membre supérieur droit. Onyxis. Traitement mercuriel. Guérison.

(*Société médicale des Hôpitaux*, 12 novembre 1909), en collaboration avec M. Cottenot.

RECHERCHES SUR LA MÉDIASTINITE SYPHILITIQUE

1° La médiastinite syphilitique considérée dans ses rapports avec l'anévrysme de l'aorte. Importance diagnostique des explorations radioscopiques répétées.

(*Presse médicale*, 3 juillet 1912.)

2° Note sur les anévrysmes de l'aorte non animés de battements à l'exploration radioscopique. Anévrysme aortique et médiastinite syphilitique.

(*Société médicale des Hôpitaux*, 17 avril 1913.)

Dans ces deux publications, qu'il conviendra de rapprocher de mes autres travaux sur le médiastin (voir la deuxième partie, p. 90 et l'observation d'*oblitération de la veine cave supérieure* (page 142), après avoir passé en revue les notions actuellement classées sur l'histoire de la médiastinite syphilitique, en avoir exposé les caractères principaux et avoir rappelé la fréquence de son association avec la tuberculose, je me suis attaché surtout à l'étude de la médiastinite syphilitique qui accompagne l'anévrysme de l'aorte, forme dont les observations d'Oulmont, de Martin-Solon, de Babonneix et Baron ont apporté de beaux exemples. Abstraction faite des symptômes fonctionnels de compression et des stigmates syphilitiques (leucoplasie, troubles pupillaires, etc.), qui mettent sur la voie du diagnostic d'une tumeur du médiastin et du diagnostic de la nature de cette tumeur, j'ai montré que la répétition des examens radioscopiques pouvait seule faire la part de l'élément médiastinite ajouté à l'élément ectasie aortique, en permettant de suivre les effets du traitement spécifique ; en effet, alors qu'au début la gangue médiastinale dissimule les battements de la poche aortique, peu à peu ceux-ci réapparaissent, à mesure que s'opère la fonte des parties gommeuses de la gangue, en même temps que s'atténuent certains troubles fonctionnels et que se précise la part des symptômes uniquement imputables à l'ectasie.

*
* *

En outre, voir dans la deuxième partie les publications suivantes :

Les formes scrofuloïdes de la syphilis.
Les épanchements pleuraux dans la syphilis tertiaire.
Les pleurésies des syphilitiques.
La réaction à la tuberculine chez les syphilitiques.
Les trachéo-bronchites syphilitiques secondaires
et leur diagnostic avec la tuberculose

et, d'une façon générale, tout le chapitre **Syphilis et tuberculose.**

VIII. — DIVERS

De l'Exophtalmos intermittent ou « Exophtalmie à volonté ».

(Mémoire publié dans la *Gazette des hôpitaux* du 27 mai 1893, à la suite d'une communication préalable avec présentation du malade devant la Société de biologie, séance du 11 février 1893.)

Pendant ma première année d'internat, dans le service de mon regretté maître Gingeot, j'eus l'occasion d'observer un homme qui jouissait du singulier privilège de faire sortir son œil gauche de l'orbite à volonté. Il lui suffisait de baisser la tête un instant, de faire un effort quelconque, de retenir quelque temps sa respiration. Je soupçonnai, dès lors, que la cause de cette exophtalmie était d'origine veineuse et reconnaissait une stase dans les veines orbitaires; j'en acquis la certitude en la produisant moi-même par la simple *compression de la veine jugulaire*. (Les figures annexées au Mémoire et reproduites ici sont très démonstratives.)

Les recherches bibliographiques que je fis ensuite me permirent de reconnaître que, sans m'en douter, j'avais contribué, par la constatation du *signe de la jugulaire*, à élucider définitivement la nature d'une affection rare, sur la pathogénie de laquelle discutaient les oculistes. C'est ce qui me décida à publier un travail d'ensemble sur ce sujet. Je me bornerai à en transcrire ici les conclusions :

« 1° L'exophtalmos intermittent garde définitivement la place que lui a assignée Yvert dans le groupe des tumeurs veineuses de l'orbite en communication directe avec la circulation veineuse intra-crânienne.

« 2° Les derniers doutes exprimés au sujet de la nature veineuse de ce phénomène (admise jusqu'ici par analogie avec les cas de dilatation veineuse visible à l'extérieur, sans exophtalmie), tombent devant les résultats fournis par la compression des jugulaires internes.

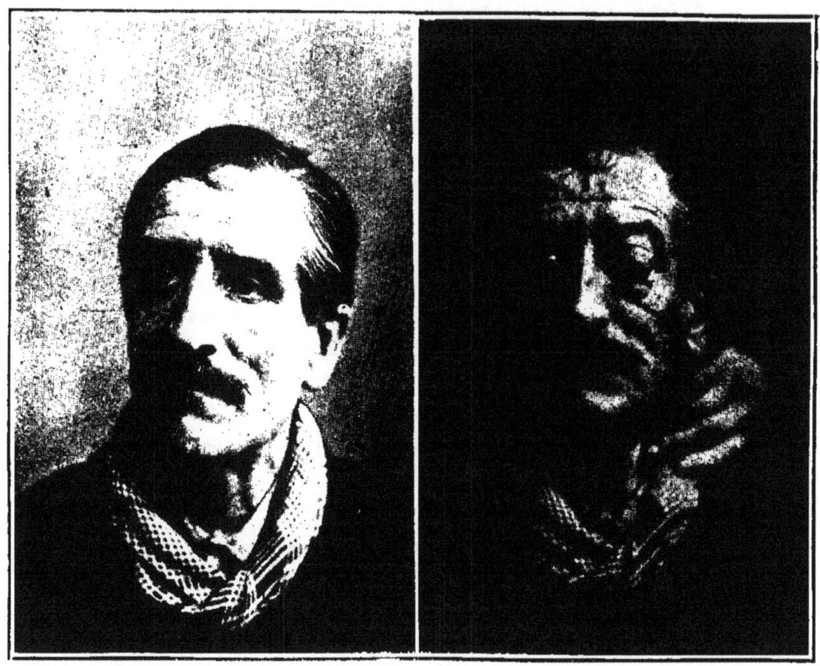

Fig. 21.

« 3° Cette nature veineuse n'implique pas, à proprement parler, l'idée d'une tumeur, mais simplement celle d'une dilatation variqueuse des veines de l'orbite dans leur ensemble ou d'un gros tronc seulement, et en particulier de la veine ophtalmique supérieure.

« 4° Cette tendance à la dilatation veineuse résulte, selon toute probabilité, d'une prédisposition individuelle et locale qui en fait la conséquence d'une anomalie bien plutôt qu'une lésion pathologique ; elle est étroitement liée à la résorption du tissu graisseux de l'orbite et au relâchement de l'appareil ligamenteux de l'œil.

« 5° L'exophtalmos intermittent est une affection bénigne, à évolution lente, stationnaire à dater de sa première apparition, sans retentissement sur la fonction visuelle ni sur la santé générale.

« 6° Le diagnostic en est aisé, car il repose sur des symptômes caractéristiques, qui ont une valeur pathognomonique.

« 7° Le traitement tient en un mot : abstention.

« 8° Étant donné que l'exophtalmie n'apparaît que dans des conditions que le sujet peut provoquer ou éviter (tête en bas, effort, compression des jugulaires), je propose de substituer à la dénomination d'exophtalmos intermittent, celle d' « exophtalmie à volonté », qui me semble plus explicite. »

L'observation personnelle qui sert de base à ce travail a été reproduite dans la thèse récente (1897) du Dr Jean Terson, qui étudie le même phénomène sous le nom plus étendu d' « enophtalmie et d'exophtalmie alternantes », parce que, dit-il, « le seul nom d'exophtalmie à volonté est incomplet, *puisqu'il ne tient pas compte de l'état enophtalmique*, qui est l'élément essentiel de la maladie et constitue la situation presque constante de l'œil ». Le fait est exact et je l'avais moi-même nettement indiqué dans mon travail. Cependant, je persiste à préférer la dénomination d'*exophtalmie à volonté*, qui a l'avantage d'être plus courte et de faire allusion au caractère le plus frappant du phénomène.

Lymphadénie généralisée.

(*Société anatomique*, 2 mars 1894.)

Cette observation est intéressante comme exemple de lymphadénie généralisée, à début amygdalien, compliquée dans le cours de son évolution de leucocythémie, avec intégrité presque absolue des organes où le tissu lymphoïde n'existe pas à l'état normal.

Tumeur embryonnaire du médiastin.

(*Société anatomique*, 22 avril 1910), en collaboration avec le Dr Babonneix.

Calcification des cartilages costaux chez un homme jeune, non emphysémateux.

(*Société médicale des Hôpitaux*, 20 octobre 1916),
en collaboration avec Gabriel Delamare.

Le traitement des loupes par les injections interstitielles d'éther.

(*Presse médicale*, 1900, n° 52.)

Ce mode de traitement constitue le *procédé de choix* pour les loupes de dimensions moyennes qui siègent sur les parties découvertes.

Il n'est *pas douloureux*; il n'est *pas sanglant*; il n'est *pas dangereux*; il est *à la portée de tous*; enfin, et surtout, *il ne laisse pas de cicatrices*, ce qui le rend bien supérieur au procédé de destruction par les caustiques et même à l'ablation chirurgicale.

* * *

Rapport sur les réformes à introduire dans les épreuves du concours de l'Internat, au nom d'une commission de médecins, chirurgiens et accoucheurs des hôpitaux (juillet 1904).

* * *

Les consultations des hôpitaux et la tuberculose. Nécessité de prescrire la désinfection périodique et fréquente des locaux affectés à ces consultations. (Congrès de la tuberculose, octobre 1905 et *Tribune médicale*, 7 octobre 1905.)

Rapport présenté au Conseil de surveillance de l'Assistance publique, par M. Léon Bourgeois, au nom des médecins de l'hôpital Necker, *sur l'opportunité de transformer les consultations des hôpitaux en dispensaires* (1908).

* * *

Il conviendrait d'ajouter un certain nombre de thèses inspirées, qui n'ont pas toutes trouvé place dans cet exposé général.

TABLE DES MATIÈRES

PREMIÈRE PARTIE

PATHOLOGIE ENDOCRINIENNE

DEUXIÈME PARTIE

TUBERCULOSE ET AFFECTIONS DES VOIES RESPIRATOIRES

TROISIÈME PARTIE

PATHOLOGIE DE GUERRE

QUATRIÈME PARTIE

TRAVAUX SUR LES DIFFÉRENTES BRANCHES DE LA MÉDECINE

ÉVREUX, IMPRIMERIE CH. HÉRISSEY

www.ingramcontent.com/pod-product-compliance
Ingram Content Group UK Ltd.
Pitfield, Milton Keynes, MK11 3LW, UK
UKHW020253180726
13839UKWH00001B/313